Manuela Brinkmann

**Strategieentwicklung
für kleine und mittlere Unternehmen**

Manuela Brinkmann

Strategieentwicklung für kleine und mittlere Unternehmen

Tools, Konzepte, Praxisbeispiele

orell füssli Verlag AG

© 2002 Orell Füssli Verlag AG

www.ofv.ch

Alle Rechte vorbehalten

Umschlagabbildung: gettyimages (Steve Taylor)

Umschlaggestaltung: cosmic Werbeagentur, Bern

Druck: fgb • freiburger graphische betriebe, Freiburg i. Brsg.

Printed in Germany

ISBN 3-280-05007-3

————

Die Deutsche Bibliothek – CIP-Einheitsaufnahme

Brinkmann, Manuela:

Strategieentwicklung für kleine und mittlere Unternehmen : Tools, Konzepte,

Praxisbeispiele / Manuela Brinkmann. - Zürich : Orell Füssli, 2000

ISBN 3-280-05007-3

Inhalt

Kapitel II
Lebendige Pyramiden: Praxisbeispiele

Kapitel IV
Anleitung zum Erfolgreichsein: Neun Schritte

Danksagung

Bei allen, die zum Inhalt und zum Gelingen des Buches beigetragen haben, bedanke ich mich sehr, sehr herzlich!

Meine Dankbarkeit gehört ganz besonders denjenigen Damen und Herren, die persönlich dafür gesorgt haben, dass ich das Praxisbeispiel ihres Unternehmens, beziehungsweise ihrer Verwaltung veröffentlichen konnte.

Vielen, vielen Dank!

Manuela Brinkmann

Geleitwort

Modelle für die Strategie-Entwicklung haben oft einen entscheidenden Nachteil: Sie sind zwar unterhaltsam geschrieben, aber zu kompliziert in der Umsetzung. Der Anwender muss zuerst eine neue «Sprache» lernen, sich mit einer komplexen Methodik vertraut machen, um dann trotzdem feststellen zu müssen, dass sich die grosse Mühe häufig doch nicht in verwertbare Vorteile ummünzen lässt. Und in vielen Management-Büchern amerikanischen Ursprungs wird eine einzige Idee auf 250 Seiten plattgewalzt, ohne Rücksicht auf die Bedürfnisse des Lesers. Man kann sich oft ein leichtes Kopfschütteln nicht verkneifen, wenn man mit wohltönenden Wortschöpfungen und wunderbar komplizierten Anglizismen traktiert wird, mit denen die Autoren eine vermeintliche Kompetenz ausstrahlen wollen.

Die vorliegende Publikation hebt sich wohltuend von der grossen Menge der gängigen Literatur ab. Sie geht sogar einen entscheidenden Schritt weiter, indem sie eine Lücke in der Management-Literatur schliesst. Aus mehreren Gründen: Weil das vorgestellte Modell einfach ist, was nicht gleichzusetzen wäre mit simpel. Weil die Unternehmenspyramide schnell anwendbar ist und rasch Wirkung erzielt – kurz: Ein handfestes Management-Instrument, das zu Resultaten führt. Kein Lehrbuch im klassischen Sinne also, sondern ein Handbuch für Praktiker.

Bei vielen Strategie-Modellen stellt der kritische Betrachter ein wesentliches Manko fest: Der Mensch wird vergessen. Hard Facts dominieren, die sogenannten Soft Factors werden vernachlässigt. Gerade in diesem wichtigen Bereich schlägt die Unternehmenspyramide einen neuen Weg ein, indem sie den Menschen mit seinen Vorstellungen und Eigenheiten als wichtigstes Glied in der Erfolgskette gleichsam in das Modell integriert. Hard und Soft Facts werden im Modell verbunden, bedingen sich gegenseitig. Mensch und Methodik gehen Hand in Hand. Damit ist die wesentliche Voraussetzung geschaffen, dass die Anwendung der Pyramide zum Erfolg führen kann und bei richtiger Anwendung zur spürbaren Weiterentwicklung führen wird, und zwar im beruflichen wie im persönlichen Bereich. Und davon profitiert auch und gerade das Unternehmen in jeder Hinsicht – eine klassische Win-Win-Situation.

Der Mut zum Einfachen ist vielen Managern abhanden gekommen. Dabei ist das Einfache, das sich an konkreten Vorgaben und Zielen orientiert, häufig der Schlüssel zum Erfolg. Die Unternehmenspyramide bietet die Möglichkeit, in Lösungen zu denken und damit Schritt für Schritt nach vorne zu gehen. Der Erfolg stellt sich in qualitativer und in quantitativer Hinsicht ein, wie aus den zahlreichen Praxisbeispielen hervorgeht. Damit ist endlich ein Modell geschaffen worden, das sich gegen den persönlichen und beruflichen Stillstand stellt – vielmehr noch – diesen bei richtiger Anwendung verhindert. Denn: Wer die Sache beherrscht, kann sich kurz fassen. Wer ein Strategie-Modell versteht, kann es anwenden. Er kann sich mit der Methodik identifizieren, weil ihm die Systematik den Weg zum Ziel zeigt. Er wird sich dann auch gerne verpflichten, seinen Beitrag zum Erfolg leisten zu wollen.

Viele Modelle sind reine Schönwetter-Modelle oder nur für spezifische Branchen und Unternehmen geeignet. Woran kann sich das Management orientieren, wenn sich das Unternehmen in Schwierigkeiten befindet? Wer ein Modell sucht, das eine Neuorientierung ermöglicht, wird in der Unternehmenspyramide fündig, ganz einfach deshalb – und damit kämen wir wieder an den Anfang – weil dieses Modell als Führungsinstrument in allen Bereichen des Unternehmens eingesetzt werden kann. Wer als Unternehmer und Unternehmen sein Schicksal wieder selbst in die Hand nehmen möchte, ist mit diesem Modell einfach gut bedient.

Martin Zenhäusern

Zenhäusern & Partner AG,
Unternehmensberatung für Öffentlichkeitsarbeit,
Zürich

Einführung

In Großunternehmen beschäftigen sich mitunter ganze Abteilungen mit dem Thema Strategieentwicklung. Die Methoden, die dort zum Einsatz kommen, sind, der Komplexität eines großen Systems entsprechend, in der Regel sehr aufwendig. Deshalb sind die klassischen Strategiemodelle sehr umfassend, und immer wieder werden neue Konzepte entwickelt, die Fortschritte bringen, aber in der Regel auch noch mehr Komplexität.

Die Schulung von Führungskräften im Verständnis ganzheitlicher Strategiemodelle benötigt meist mehrere Tage. Dies bedeutet allerdings noch nicht, dass die ausgebildeten Führungskräfte die entsprechenden Modelle nun ohne die Hilfe von Experten im eigenen Unternehmen anwenden und umsetzen könnten. Deshalb werden Strategieentwicklungen mit umfassenden Modellen fast immer von internen oder externen Strategieberatern durchgeführt. Für große Unternehmen ist das oft auch sinnvoll.

In Klein- und Mittelbetrieben und Verwaltungen (von einem bis ca. zweitausend Mitarbeitern) sieht die Situation aber anders aus. Hier wird die Strategieentwicklung von einem oder wenigen Geschäftsleitungs-mitgliedern vorgenommen. Dadurch ist die Strategie stark mit den Personen in der Geschäftsleitung verbunden. Außerdem ist für kleine und mittlere Unternehmen (KMUs) eine einfachere und schnellere Umsetzung besonders wichtig. Schließlich ist der gesamte geschäftliche Rahmen kleiner und weniger komplex als bei den «ganz

Großen». Nicht zuletzt ist Strategieplanung in Klein- und Mittelbetrieben eine Frage des finanziellen, personellen und zeitlichen Aufwandes, und der sollte natürlich möglichst klein sein.

Diesen Gegebenheiten kommt das Strategieentwicklungstool der «Unternehmenspyramide» in idealer Weise entgegen.

Die Bearbeitung der Unternehmenspyramide macht eventuelle Schwierigkeiten der Ist-Situation erstaunlich schnell und deutlich sichtbar, die notwendigen Veränderungen ergeben sich einfach und logisch. Die Arbeitsergebnisse sind leicht zu kommunizieren und wirken in der Regel auf Jahre hinaus richtungsweisend, erfolgsteigernd und motivierend. Der Aufwand an Lernen, Zeit und Geld ist sehr gering. Führungskräfte der verschiedensten Ausbildungswege können die Unternehmenspyramide schnell für ihre Verantwortungsbereiche nutzen.

Es müssen vorab keine großen theoretischen Voraussetzungen studiert werden, denn fast alle Arbeitsschritte der Unternehmenspyramide erklären sich von selbst.

Sie ist das ideale strategische Führungsinstrument für kleine und mittlere Unternehmen sowie für Verwaltungen. In diesem Buch erfahren Sie,

- was die Unternehmenspyramide ist und in welche Bereiche sie gegliedert ist (Kapitel I);
- wer unter anderen mit der Unternehmenspyramide bereits gearbeitet hat; Sie finden interessante Praxisbeispiele (Kapitel II);
- wie und in welchen Situationen man mit diesem Strategietool in Führungsworkshops arbeiten kann (Kapitel III);
- und zum Schluss eine Anleitung, mit der Sie selbst für Ihr Unternehmen, auch für Einzelfirmen, oder Ihren Führungsbereich mit der Pyramide Ihre aktuelle Situation analysieren und die Zukunft konzipieren können (Kapitel IV).

Der Nutzen der Anwendung der Unternehmenspyramide ist

- die Klärung der aktuellen Gesamtsituation eines Unternehmens oder Bereiches;
- die Darstellung dieser Situation zur Information von Mitarbeitern;
- die Darstellung des Unternehmens nach außen, für Kunden Lieferanten, eventuelle zukünftige Mitarbeiter und die Öffentlichkeit;
- die Sichtbarmachung von Konflikten und Widersprüchen und deren Klärung;
- die Motivation von Führungskräften und Mitarbeitern in Richtung auf die Unternehmensziele;
- ein Wir-Gefühl auch in heterogenen Leitungsteams;
- strategische Ziel- und Handlungsklarheit für die nächsten zwei bis fünf Jahre.

Darüber hinaus lernen Sie die Anwendung dieses Instrumentes für sich selbst sowie für Beratungen mit Ihren Kunden kennen.

Kapitel I

Wie sieht sie denn aus?
Die Unternehmenspyramide

Im Folgenden soll Ihnen das Strategietool «die Unternehmenspyramide» näher gebracht werden, mit dem ich seit ungefähr sieben Jahren in verschiedenen, zumeist mittelständischen Firmen und Verwaltungen auf unterschiedliche Weise sehr erfreuliche, praktische Ergebnisse erarbeiten konnte.

Es ist ein Strategietool, das sich besonders für den Einsatz bei klein- und mittelständischen Unternehmen eignet, also bei Unternehmen in einer Größenordnung von etwa 50 bis 1000 Mitarbeitern. Allerdings konnten mit der Unternehmenspyramide auch Projekte, die das gesamte Unternehmen betrafen, bei Kundenfirmen mit bis zu 2000 Mitarbeitern, durchgeführt werden. In Großunternehmen lässt sich die Unternehmenspyramide auf Abteilungsebene ebenfalls erfolgreich einsetzen. Auf der anderen Seite profitieren selbst Einzelfirmen und sehr kleine Teams.

Der besondere Vorteil für Klein- und Mittelbetriebe besteht darin, dass dieses Tool im Gegensatz zu anderen Strategietools entschieden einfacher anzuwenden ist. Das macht deshalb Sinn, weil im mittelständischen Unternehmen nicht eine ganze Abteilung oder ein kleines Team ausschließlich für Strategie zuständig sein kann.

In der Regel wird dort die Strategieentwicklung vom Chef persönlich oder von einem kleinen Leitungsteam vorangetrieben. Dieses geht meist nicht streng nach einem Modell vor, sondern entwickelt Ideen, an denen dann weitergearbeitet wird. Diejenigen, die sich in KMUs mit Strategie beschäftigen, sind in der Regel Geschäftsleitungsmitglieder. Diese Führungskräfte haben meist weder Interesse noch Zeit, sich mit komplexen Systemen auseinander zu setzen und diese Modelle für ihr Unternehmen «irgendwie» anwendbar zu machen.

Die neun Ebenen der Unternehmenspyramide helfen aber, die sich aus einem strategischen Konzept entwickelnden Aufgaben sinnvoll zu strukturieren.

Aus diesem Grunde sind die neun Ebenen der Unternehmenspyramide besonders sinnvoll. Was zeigt uns die Unternehmenspyramide?

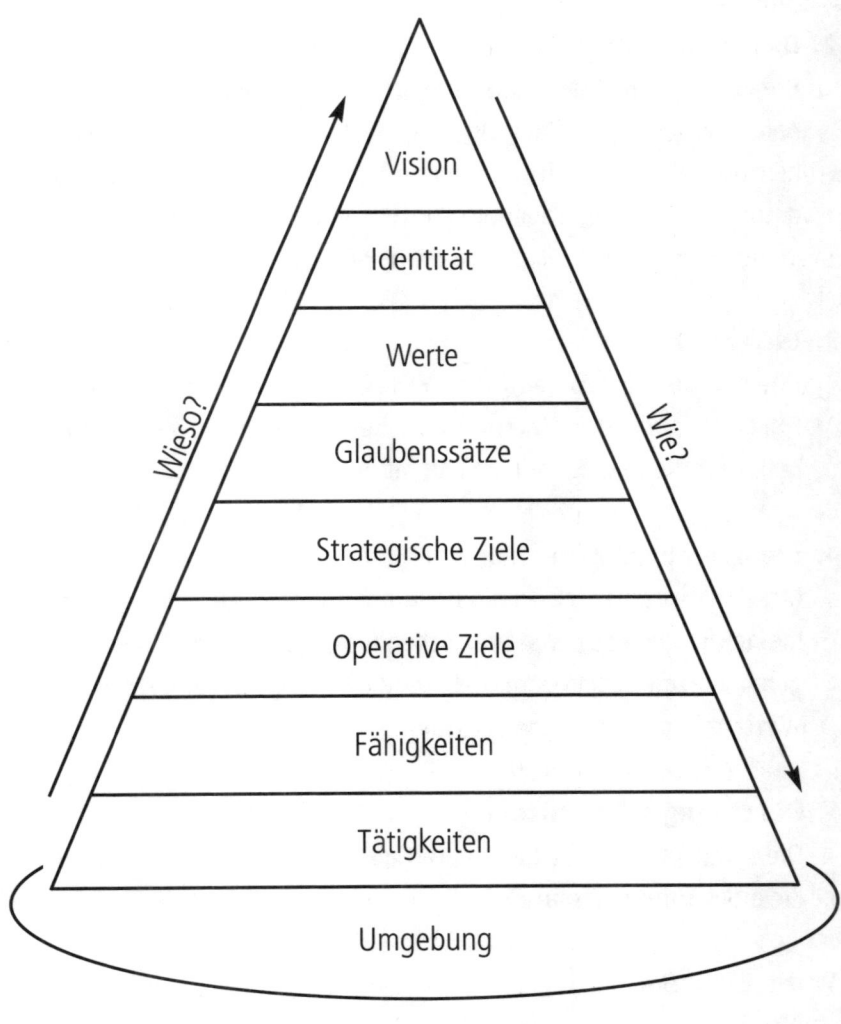

Unternehmenspyramide

1. Die Umgebung

Die Basisebene befindet sich außerhalb der Pyramide, weil sie die UMGEBUNG darstellt. Sie ist das Objekt der Beeinflussung ebenso wie die Quelle aller Anregungen.

2. Die Tätigkeiten

Die unterste und breiteste Ebene der Unternehmenspyramide beinhaltet die TÄTIGKEITEN des Unternehmens. Theoretisch könnte man hier also alle TÄTIGKEITEN, die im und durch das Unternehmen ausgeführt werden, eintragen. In der Praxis wird natürlich nur das angegeben, was für die Arbeit relevant ist.

3. Die Fähigkeiten

Das nächste Niveau betrifft die FÄHIGKEITEN, also potenziell all jene FÄHIGKEITEN, die das Unternehmen beziehungsweise seine Mitarbeiter für die Erledigung ihrer Arbeit besitzen.

4. Die operativen Ziele

Mit den OPERATIVEN ZIELEN sind alle kurzfristigen Zielsetzungen gemeint, die sich aus der strategischen Aufgabenstellung (siehe 5) ergeben und die sich in unmittelbaren Aufgaben und der kurzfristigen Wirtschaftsplanung widerspiegeln.

5. Die strategischen Ziele

Die STRATEGISCHEN ZIELE formulieren die langfristigen Aufgaben und Ziele des Unternehmens.

6. Die Glaubenssätze

Als GLAUBENSSÄTZE werden alle möglichen ausgesprochenen oder heimlichen Überzeugungen über das Unternehmen, seine Bereiche, seine Mitarbeiter, über die Umgebung oder seine Aktivitäten bezeichnet.

7. Die Werte

Auf der nächsten Stufe werden die Unternehmenswerte betrachtet oder auch die WERTE einzelner Bereiche des Unternehmens.

8. Die Identität

Um die IDENTITÄT geht es auf der zweitobersten Ebene. Damit ist das eigene kollektive Selbstverständnis angesprochen: Wer sind wir – als Unternehmen oder als Abteilung?

9. Die Vision

Das oberste und gedanklich am weitesten gehende Konzept stellt die VISION dar. Was ist die höchste Vorstellung über das Unternehmen und sein Wirken? Es handelt sich hier um die tragende und motivierende Idee, die als Leitgedanke für das Unternehmen wirkt und zugleich durch das Unternehmen verwirklicht wird.

Damit haben wir ein logisches Ordnungsmodell zur Verfügung, das die gesamte Komplexität eines Unternehmens oder sonstigen Systems aufnehmen und abbilden kann.

Eine Zeitachse ist in der Pyramide nicht vorhanden. Sie kann allerdings leicht durch zwei oder mehr Pyramiden für verschiedene Zeitpunkte erstellt werden.

Die gleichzeitige Abbildung von verschiedenen Führungsebenen oder nebeneinander geordneter Bereiche eines Unternehmens kann durch Duplizieren des gleichen neunstufigen Modells erreicht werden.

Die Vorteile des Modells liegen auf der Hand:
- Es ist einprägsam.
- Es versetzt Verantwortungsträger im normalen Führungsalltag unverzüglich in die Lage, verschiedenste Situationen schnell zu analysieren.

Betrachen wir als Beispiel die Fusion zweier IT-Unternehmen:

Das eine Unternehmen ist klein, aber sehr dynamisch und das zweite in Bezug auf die Anzahl der Mitarbeiter dreimal so groß, allerdings auch träger.

Durch die Fusion ergeben sich selbstverständlich Veränderungen auf allen Ebenen. Allerdings könnte es sein, dass der kleinere Partner bereits eine sehr weitreichende und ehrgeizige VISION hatte, wie zum Beispiel: «Jeder Anwender von XY-Lösungen sucht zuerst bei uns.»

Selbst wenn dieser Leitgedanke beibehalten wird, ist es aber möglich, dass das fusionierte Gesamtunternehmen maßgeblich durch die IDENTITÄT des größeren Partners geprägt sein wird: «Wir sind die Größten in unserem Bereich.»

Die Resultate der Arbeit der Unternehmenspyramide lassen einerseits deutlich erkennen, wie tief greifend die Veränderungen im Unternehmen und in den Köpfen der Mitarbeiter sind. Denn eine IDENTITÄT wechselt man nicht wie ein Hemd. Gleichzeitig stellt sich aber heraus, wer welche Veränderungen vornehmen muss und welche Konsequenzen sie auf die konkreten Handlungen und auf die UMGEBUNG haben.

Die Unternehmenspyramide im Vergleich zu komplexen Strategiemodellen

Warum ist die Strategieentwicklung mit der Unternehmenspyramide für Klein- und Mittelbetriebe und Verwaltungen so eine interessante Methode? Schließlich ist sie im Vergleich zu den klassischen Strategiemodellen geradezu extrem einfach.

Das erste Argument für die Unternehmenspyramide erklärt sich schon fast aus der Fragestellung: Modelle, die komplex und umfassend sind, sind für Klein- und Mittelbetriebe in der praktischen Umsetzung oftmals zu kompliziert. Führungskräfte, die damit arbeiten oder eine Erarbeitung forcieren sollten, müssen zunächst umfassende Konzepte und deren ebenfalls anspruchsvolle Gliederungen kennen lernen, verstehen und schließlich anwenden. Das ist ein langer Weg und bedeutet einen relativ hohen Arbeitsaufwand.

Innerhalb dieser komplexen Modelle gibt es außerdem einige Aspekte, die in Klein- und Mittelbetrieben weniger wichtig oder in dieser Weise gar nicht anwendbar sind, wie zum Beispiel aufwendige Konzepte

- zum Marketing,
- zur Marktforschung,
- zum Customer-Relationship-Management oder
- Human Resource Management.

Mit Recht scheuen deshalb Klein- und Mittelunternehmen häufig den Aufwand der Erstellung einer solchen Strategie.

Ein weiterer Aspekt ist, dass komplexe, strategische Modelle nicht nur Zeit und Aufwand, sondern in der Regel Berater benötigen.

Wenn man sich gleichwohl auf die Erarbeitung der Strategie mit großen, komplexen Modellen einlässt, ist das Ergebnis meist nicht besonders günstig umsetzbar und landet deshalb hie und da sogar in der

Schublade. Die Umsetzung ist dann nämlich mindestens genauso komplex, kostspielig und zeitaufwendig wie das Erstellen einer Strategie.

Allein die Kommunikation von interessanten, aber auch sehr ausführlichen, seitenlangen Leitsätzen eines Unternehmens durch die Führungskräfte an die Mitarbeiter ist im normalen Arbeitsalltag nicht zu leisten. Um das Verständnis solcher Leitsätze zu vertiefen, müsste man im gesamten Unternehmen eine ganze Reihe von Workshops und Diskussionen veranstalten. Dies kann für Großunternehmen in mancherlei Hinsicht interessant und nützlich sein, ist aber für kleinere und mittelständische Unternehmen schlichtweg nicht durchführbar.

Was erwartet Sie also bei der Unternehmenspyramide für ein Aufwand und was für ein Effekt?

1. Komplexität einfach dargestellt

Die Unternehmenspyramide gliedert sowohl die theoretischen als auch die praktischen Schwerpunkte. An der Spitze ist der weitestgehend abstrakte und theoretische Bereich mit der VISION anzutreffen, und ganz unten finden sich die praktischen, sicht- und greifbarsten Aspekte mit den TÄTIGKEITEN und der UMGEBUNG.

Die Pyramide geht also schrittweise vom «Luftigen» zum Konkreten, von der Idee zu ihrer Umsetzung in der Materie. Damit «zwingt» sie die Anwender und besonders die «Theoretiker», jeden Gedanken oder jedes Ziel bis zu dessen praktischer Verwirklichung durchzudenken. Die Unternehmensstrategie muss also bis zum sicht-, hör- oder berührbaren Ergebnis durchdacht werden. Die Pragmatiker und Macher sind angehalten, sich über die sie leitenden Ideen klar zu werden. Dadurch ist die Unternehmenspyramide ein praktisches Training in pragmatischer, logischer, komplexer Planung und im Denken in Zusammenhängen.

2. Schnelle Entwicklung und Planung von Zielen

Die Entwicklung von Zielen ist schnell und verhältnismäßig einfach. Sie benötigen ein bis zwei Tage mit einem Führungsteam von etwa sechs bis zehn Personen, um ein sinnvolles und nützliches Ergebnis zu erarbeiten.

3. Einfache Einbeziehung der gesamten Führungscrew

Ein weiterer Vorteil ist, dass alle Arten von Führungskräften sich beteiligen können, seien es nun Ingenieure, Betriebswirtschaftler, seien es Vertriebsspezialisten oder Meister, die für die Produktion zuständig sind. Und zum Glück langweilen sich selbst die Ökonomen und Wirtschaftswissenschaftler bei der Erarbeitung mit der Unternehmenspyramide nicht.

4. Schnelle Ergebnisse

Mit der Unternehmenspyramide werden schnell praktische Ergebnisse erzielt. Und der Erfolg im realen Leben spricht wohl am besten für die Nützlichkeit einer Sache. Dazu sehen Sie im zweiten Kapitel (Seite 53ff.) einige besonders interessante Beispiele.

5. Ergebnisse schnell kommunizierbar

Ein weiterer Vorteil ist, dass die Ergebnisse mit wenig Aufwand kommunizierbar sind. Besonders die Themen aus den so genannten «Softbereichen», wie die VISION, die WERTE, die IDENTITÄT und die GLAUBENSSÄTZE, sind auf einer bis maximal zwei Seiten gut zu fassen. Sie können in Form von kurzen Sätzen und Schlagwörtern formuliert und deshalb leicht kommuniziert werden. In Meetings der Führungskräfte mit ihren Mitarbeitern oder sogar in kurzen Einzelgesprächen können sie so auf einfache Weise häufig erwähnt und als Bestandteil der Firmenkultur artikuliert werden.

Darüber hinaus sind sie selbstverständlich leicht schriftlich zu visualisieren und zu vergrößern. Schließlich können diese Themen auch mit Mitarbeitern unterschiedlichster Ebenen leicht und unkompliziert diskutiert werden. Das bedeutet, dass jede Führungskraft schnell in ihrer alltäglichen Führungstätigkeit mit den erarbeiteten Aspekten umgehen kann.

Trotz der Einfachheit des Modells zeitigt es schnell sehr wertvolle Ergebnisse. Das liegt daran, dass die gesamte Komplexität des Unternehmens innerhalb dieses Systems erfasst werden kann, denn es bietet viel Spielraum für verschiedenste Vorgehensweisen. Es ist beispielsweise durchaus möglich, dass ein Unternehmen seine Strategie über ein Jahr hinweg mit Hilfe der Unternehmenspyramide entwickelt und in Meetings immer wieder eine genauere Ausarbeitung einzelner Aspekte erstellt.

Das Modell der Unternehmenspyramide stammt ursprünglich aus der Psychologie. Die einzelnen Bereiche werden dort als die logischen Ebenen bezeichnet. Im psychologischen Bereich erfasst man damit die Gesamtheit eines einzelnen Menschen.

Dieser Hintergrund erklärt auch, wieso die Strategieentwicklung mit der Unternehmenspyramide selbst bei sehr kleinen Unternehmen oder bei Einzelunternehmen wirksam ist.

Diese Sichtweise eines Unternehmens als eines lebenden Organismus im Gegensatz zum Bild eines Mechanismus oder einer Maschine hat sich in den letzten zehn bis 15 Jahren in der Wirtschaftsliteratur deutlich durchgesetzt. Aus diesem Grund entspricht die Unternehmenspyramide mit ihrer Struktur den heutigen Vorstellungen von Unternehmen ganz besonders.

Die Pyramide beinhaltet vier Ebenen «Softfacts» und fünf Ebenen «Hardfacts».

- Die Softfacts sind die VISION, die IDENTITÄT, die WERTE und die GLAUBENSSÄTZE.
- Die Hardfacts sind die STRATEGISCHEN ZIELE, die OPERATIVEN ZIELE, die FÄHIGKEITEN, die TÄTIGKEITEN und die UMGEBUNG.

Da die Softfacts in den letzten Jahren an Wichtigkeit gewonnen haben, widerspiegelt die Unternehmenspyramide auch in diesem Punkt den aktuellen Stand der heutigen Denkweise zum Thema Strategie.

Die Ergebnisse der Unternehmenspyramide machen außerdem die gegenseitige Durchdringung und Beeinflussung von Soft- und Hardfacts deutlich. Dadurch lassen sich ebenfalls emotionale Aspekte objektivieren und auf einer vernünftigen Basis abwägen. Ein Beispiel dafür:

In der Geschäftsleitung eines Unternehmens war seit längerem beschlossen worden, die Anzahl der Überstunden abzubauen, um das Unternehmensergebnis zu verbessern. Einer der GLAUBENSSÄTZE innerhalb dieses Unternehmens ein GLAUBENSSATZ, den die Führungskräfte teilten, war die Aussage: «Wir sind teamorientiert.»

Obwohl das Ziel des Abbaus von Überstunden allgemein als vernünftig anerkannt wurde, blockierte der GLAUBENSSATZ «Wir sind teamorientiert» in gewisser Weise deren Durchführung. Die Führungskräfte waren nämlich genauso stark motiviert, ihre Mitarbeiter vor einem Abbau gut bezahlter Stunden zu schützen, wie den Erfolg des Unternehmens zu fördern. Da die beiden durchaus legitimen Aspekte nun deutlich nebeneinander standen, war die Entscheidung für den Abbau der Überstunden und die Durchführung dieser Aktion entschieden einfacher geworden. Gleichzeitig überlegte das Führungsteam auch auf konstruktive Art und Weise, wie man den eventuellen Verlust von bestimmten Lohnzahlungen für die Mitarbeiter erträglicher machen oder sogar ausgleichen konnte.

Das St. Galler Führungsmodell

Kommen wir nun zur Gegenüberstellung des einfachen im Verhältnis zum komplexen Modell. Selbstverständlich sind komplexe Strategiemodelle für Unternehmen in vielen Situationen ausgesprochen

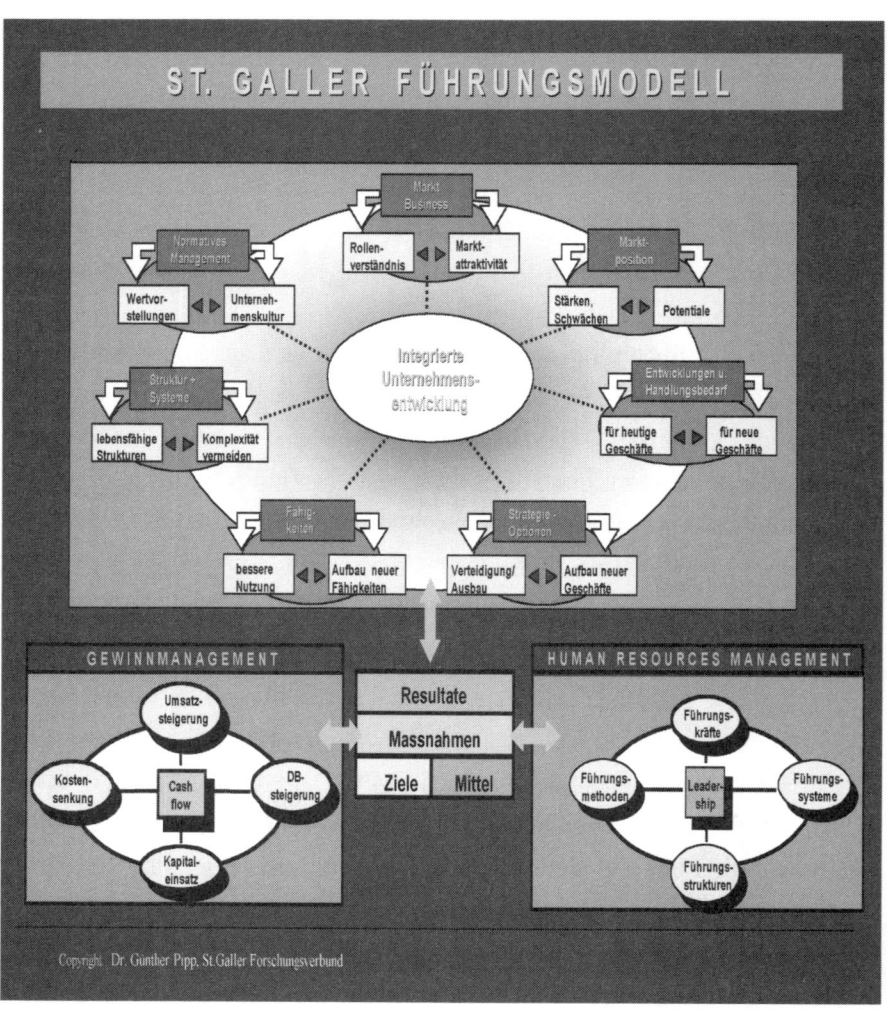

Das St. Galler Führungsmodell

nützlich und lehrreich. Als Beispiel dazu soll das St. Galler Führungsmodell dienen (siehe Seite 26).

Es wurde 1985 von Dr. Günther Pipp, einem der wichtigsten Be-
gründer der praxisnahen St. Galler Managementlehre, entwickelt und
seitdem in zahlreichen Unternehmen mit Erfolg eingesetzt.

Es ist das so genannte Überblicksmodell. Das komplette Modell
wird in Strategieseminaren gelehrt. Ausserdem wird es von Unterneh-
mensberatern in Strategieentwicklungsprojekten verwendet.

Wie man sieht, sind in diesem Modell die Begrifflichkeiten teilweise
komplexer und erklärungsbedürftiger. Die grafische Darstellung ist
optisch sehr ansprechend, ändert allerdings nichts an der Tatsache,
dass der Verständnisaufwand größer als bei der Unternehmenspyramide ist. Schließlich ist die Anzahl der zu verstehenden und in Bezie-
hung zu setzenden Elemente in diesem Überblicksmodell vier Mal so
groß wie in der Unternehmenspyramide.

Dort, wo Einfachheit, pragmatische Logik und gute, leichte und
schnelle Umsetzung im Vordergrund stehen sollen, ist die Unternehmenspyramide deshalb eine ernsthafte Alternative zu diesen oder ähnlichen Modellen.

Die neun Bereiche der Unternehmenspyramide

Betrachten wir nun die einzelnen Ebenen der Unternehmenspyramide
sowie deren Inhalte und Abgrenzungen zueinander genauer. Dabei
werden die Inhalte der jeweiligen Ebenen behandelt sowie die Unter-
scheidungsmerkmale, die die jeweilige Ebene zur nächsthöheren kenn-
zeichnen. Ausgenommen bleibt davon nur die Beschreibung der Basisebene, der UMGEBUNG, denn diese ist schon aus ihrer Definition
festgelegt und nicht mit anderen Ebenen zu verwechseln.

Umgebung

Für die Erfassung einer Unternehmenssituation ist es wichtig, die relevantesten Umgebungsbedingungen zu betrachten.

Mit dem Begriff «Umgebung» ist grundsätzlich alles gemeint, was das Umfeld eines Unternehmens – oder auch einer Abteilung – ausmachen kann: Kunden, Interessenten, der Staat, die juristischen Gegebenheiten, die politische Situation, die geografische Lage, die Landschaft, die Verkehrssituation, die Gebäude, die Größe, Ausstattung und Gestaltung der Arbeitplätze, das Potenzial an möglichen Mitarbeitern, die Attraktivität der Umgebung als Wohnort für das Personal, das Klima usw. Die Umgebung ist sozusagen der Ist-Zustand oder das materielle Resultat einer Veränderung.

Bei der Beschreibung der «Umgebung» werden alle signifikanten Eigenschaften aufgezählt, soweit sie eine Rolle für die Strategiefindung spielen. Das können sogar die Bürostühle sein, die unbequem sind, oder (umgekehrt) die besonders positiv zum Erscheinungsbild beitragen, oder die Mitarbeiter, die in der Nähe des Geschäftsgebäudes wohnen, oder die juristischen Gegebenheiten, die es erlauben, auf die eine oder andere Art Anstellungsverträge auszuhandeln, bis zu den sozialen und gesellschaftlichen Faktoren, wie zum Beispiel dem Ausbildungsstand der Bevölkerung oder der Infrastruktur der Länder, in denen Geschäftstätigkeiten stattfinden.

All solche Elemente werden beim Ausfüllen der Felder der Unternehmenspyramide ins Feld Umgebung eingetragen. Eine recht ausführliche Sammlung möglicher Umgebungsaspekte finden Sie in Kapitel vier (Seite 157ff.) als Checkliste für die Umgebung.

Bei der Erarbeitung dieser Ebene sollte jedoch darauf geachtet werden, dass nur jeweils das, was für die derzeitige Situation des Unternehmens wirklich interessant oder wichtig ist, zusammengetragen wird. Mit anderen Worten: Das was eingetragen wird, ist das, was aus der Sicht der aktuellen Problemstellung Sinn macht.

Betrachtet werden bei der Arbeit mit der Pyramide also nur die Umgebungsfaktoren, die zurzeit für folgende Bereiche bedeutsam sind:

- Veränderungen,
- wichtige Aufgaben,
- Darstellungen oder
- Analysen.

Tätigkeiten

Auf der untersten Ebene innerhalb der Pyramide befinden sich die täglichen Aktivitäten: Wie sieht die Arbeit unseres gesamten Unternehmens Tag für Tag aus, um erfolgreich zu sein?

Die Ebene der TÄTIGKEITEN lässt sich ebenfalls sehr breit fassen. Zu den TÄTIGKEITEN gehört potenziell alles, was innerhalb dieses Unternehmens tatsächlich getan wird.

Zum Beispiel: Es wird geschrieben, telefoniert, es wird produziert, oder Dienstleistungen werden erbracht. Es werden Leute motiviert und oder Verkaufsgespräche geführt. Reinigungsarbeiten werden durchgeführt. Verschiedene Sprachen werden gesprochen, weil es ein internationales Unternehmen ist. Weitere TÄTIGKEITEN sind: reden, in Sitzungen diskutieren, Workshops abhalten, präsentieren und zuhören, lesen, nachdenken, schreiben, Auto fahren, zeichnen, Design oder Grafik gestalten, montieren, Maschinen und Abläufe beobachten, analysieren, planen, entwickeln, erfinden, erklären, programmieren, zählen, rechnen, verhandeln, Pause machen, Material und Gedanken transportieren, mit Kunden Golf spielen, putzen usw.

Eine ausführlichere Sammlung von möglichen TÄTIGKEITEN finden

Sie in Kapitel vier (Seite 162ff.) in der Checkliste der TÄTIGKEITEN. Auch hier auf dieser Ebene werden jene TÄTIGKEITEN zusammengetragen, die relevant sind. Dabei darf durchaus ins Detail gegangen werden, beispielsweise: «Person X macht administrative Schreibtischtätigkeiten im Laufe einer Woche, und das beansprucht ungefähr 30 Prozent ihrer Zeit.»

Diese Feststellung kann wichtig sein, wenn die dafür beanspruchte Zeit besonders kurz und/oder diese Arbeit ein besonderer Vorteil für das Unternehmen ist, den man ausbauen will. Falls sich im anderen Fall diese Tätigkeit als problematisch für die Aktivitäten innerhalb des Unternehmens erweist, ist es ebenfalls sinnvoll, so etwas festzuhalten, um Veränderungen in Angriff nehmen zu können.

Neben sehr spezifischen Punkten können ganz allgemeine Angaben bedeutsam sein, wie: «Wir forschen im Bereich Wassermesstechnik» und «Wir reisen viel im internationalen Raum». Beide Punkte können relevant sein, um neuen Mitarbeitern oder Kunden zu veranschaulichen, was innerhalb eines Unternehmens getan wird.

Die Unterscheidung zwischen den Tätigkeiten und den Fähigkeiten

Die Unterscheidung zwischen diesen beiden Ebenen ist auf den ersten Blick nicht ganz einfach. TÄTIGKEITEN und FÄHIGKEITEN sind nämlich in der Arbeitswelt stark miteinander verwandt. Da die TÄTIGKEITEN des Planens, Präsentierens, Entwickelns usw. von Menschen ausgeführt werden, könnten sie auch zu den besonderen FÄHIGKEITEN gerechnet werden. Die Unterscheidung ist dennoch wichtig, wenn man ungenutzte oder fehlende FÄHIGKEITEN betrachten, nutzen und dazugewinnen will: Erst die Beschreibung eines Mangels führt zur Erkenntnis über die Notwendigkeit der Veränderung. Außerdem gibt es FÄHIGKEITEN, die man nicht einzelnen Personen als Tätigkeit zuordnen kann, wie zum Beispiel Kunden optimal infor-mieren oder Märkte «erobern»; sie machen deshalb ebenfalls die Kate-gorie FÄHIGKEITEN erforderlich.

Fähigkeiten

Die folgende Ebene beantwortet die Frage: Welche FÄHIGKEITEN haben und benötigen wir als Unternehmen, um die gesetzten Ziele zu erreichen? FÄHIGKEITEN sind also gefragt, die der VISION, der IDENTITÄT, den WERTEN und den GLAUBENSSÄTZEN entsprechen.

Die FÄHIGKEITEN sind deshalb über der Ebene der TÄTIGKEITEN angesiedelt. Um herauszufinden, ob der Bereich der FÄHIGKEITEN in einer Firma günstig ist, lassen sich zwei Grundfragen stellen:

- Sind unsere FÄHIGKEITEN optimal eingesetzt und ausgenutzt? (Besitzen wir alle FÄHIGKEITEN, die wir brauchen?)
- Gibt es FÄHIGKEITEN, die vorhanden sind, aber nicht ausreichend genutzt werden?

Ungenutzte FÄHIGKEITEN sind für ein Unternehmen eher ungünstig. Wenn es Mitarbeiter gibt, die überqualifiziert sind, die viele Fähigkeiten (wie zum Beispiel Fremdsprachenkenntnisse) besitzen, die nicht eingesetzt werden können, ist das möglicherweise nicht nur für den Mitarbeiter persönlich unangenehm, sondern dies kann sich auch auf die Zusammenarbeit im Unternehmen negativ auswirken.

In den Bereich der FÄHIGKEITEN gehören alle Arbeiten, die besonders gut geleistet werden können. Die Punkte, in denen das Unternehmen besondere Leistungsmerkmale hat (zum Beispiel die Sprachfähigkeiten der Mitarbeiter, das wissenschaftliche oder technische Know-how des Produktionsbereiches, die exzellenten Qualitäten der Vertriebsmannschaft, die hervorragenden FÄHIGKEITEN des Controllers oder die motivierenden FÄHIGKEITEN der Geschäftsleitung), sollten unbedingt aufgeführt werden, denn sie beschreiben gleichzeitig Optionen und Potenzial eines Unternehmens.

In diesem Bereich werden jeweils die FÄHIGKEITEN erfasst, die im Zusammenhang mit der derzeitigen Unternehmenssituation relevant oder interessant sind, also jene, die für eine Analyse sinnvoll sind.

Der Unterschied zwischen den Fähigkeiten und den Zielen

Auch diese Unterscheidung ist unter Umständen nicht ganz eindeutig, da die Entwicklung und der Ausbau von FÄHIGKEITEN ein Ziel sein kann. Falls es Unklarheiten gibt, lässt sich aber immer fragen, ob der entsprechende Punkt bereits vorhanden ist oder erst in der Zukunft erreicht wird. Sobald eine Fähigkeit erst in der Zukunft erreicht werden kann, ordnet man sie natürlich in den Bereich der Ziele ein.

Operative und strategische Ziele

Auf den folgenden beiden Ebenen werden die kurzfristigen, OPERATIVEN sowie die lang- und mittelfristigen, STRATEGISCHEN ZIELE für das Unternehmen definiert: Welche Ziele wollen, sollen und müssen wir uns setzen, um unsere VISION zu verwirklichen?

In diese Kategorien gehören grundsätzlich wiederum alle Dinge, die einzelne Personen, Abteilungen, ein Bereich und/oder das gesamte Unternehmen als Ziel setzen, angehen und erreichen können:

Diesen Text bis Donnerstag fertig schreiben, Kunde XY bis morgen informieren, das Profil bis Oktober serienreif haben, das Handbuch bis Mai jedem Mitarbeiter zur Verfügung stellen, bis November diese Position besetzen, in diesem Jahr den Umsatz um 20 Prozent steigern, neue Mitarbeiter anlernen, die Kommunikation verbessern, den Markt analysieren, eine weitere Firma kaufen.

Besonders in Bezug auf die Ziele eines Unternehmens ist es wichtig, dass diese in OPERATIVE und STRATEGISCHE ZIELE unterteilt werden. Unter OPERATIVEN ZIELEN werden hier Aspekte verstanden, in denen Zahlen, Daten und Fakten (ZDF) festgelegt werden und die dadurch messbar sind. Es können auch qualitative Verhaltensziele sein, bei denen ein definiertes Verhalten von Mitarbeitern oder Kunden bis zu einem gewissen oder innerhalb eines gewissen Zeitraums beobachtbar sein soll.

Die STRATEGISCHEN ZIELE beschreiben längerfristige Vorstellungen, wie zum Beispiel den besten Ruf in einem bestimmten Geschäftsbereich zu erlangen. STRATEGISCHE ZIELE müssen nicht messbar oder eindeutig zu beobachten sein. Wenn sie doch messbar sind, sind es oft Vorstellungen, die sehr hoch gesteckt sind. Zum Beispiel können es Umsatzziele sein, die so anspruchsvoll sind (Steigerung des Umsatzes um 100 Prozent), dass man sie nicht sicher Schritt für Schritt planen und umsetzen kann. Bei solchen Zielen spielen langfristige Entwicklung und Glück eine wichtige Rolle.

Manchmal werden solche großen Zahlenziele auch als VISION bezeichnet. Damit ist meist gemeint, dass sie nicht sehr wahrscheinlich, aber sehr motivierend sind. Im Rahmen der Arbeit mit der Unternehmenspyramide ist so ein Ziel ausdrücklich keine VISION, weil die VISION nur qualitative Aussagen enthalten soll.

Die Unterscheidung zwischen operativen und strategischen Zielen

Hier ist die Unterscheidung meistens sehr eindeutig. Gelegentlich kann es aber auch zu Überschneidungen kommen.

Die kleineren Tages-, Wochen- oder Monatsziele gehören kaum zu STRATEGISCHEN ZIELEN. Es sind also OPERATIVE ZIELE.

Ziele wie die Kommunikation verbessern, den Markt analysieren oder einen Verlag kaufen können OPERATIVE oder STRATEGISCHE ZIELE sein. Letzteres ist der Fall, wenn die optimale Kommunikation im Unternehmen und mit Kunden zur Marktstrategie des Unternehmens gehört, wie beispielsweise bei Virgin Air. Ist die Wachstumsstrategie eines Unternehmens gekennzeichnet durch den Zukauf von anderen Unternehmen, gehören solche Akquisitionen selbstverständlich ebenfalls zu den STRATEGISCHEN ZIELEN.

Die Unterscheidung von Zielen und Glaubenssätzen

Über der Ebene der Ziele befinden sich die «GLAUBENSSÄTZE» als erstem Bereich der so genannten Softfaktoren. Von den Zielen lassen sie sich besonders dadurch unterscheiden, dass sie als ausgesprochene oder heimliche Überzeugungen in der Gegenwart existieren und nicht wie Ziele erst noch erreicht werden müssen. Außerdem enthalten GLAUBENSSÄTZE (fast) nie messbare Elemente.

Glaubenssätze

Die nächste Ebene beschäftigt sich mit den GLAUBENSSÄTZEN, welche die WERTE, IDENTITÄT und VISION des Unternehmens oder der Abteilung optimal unterstützen. Wir alle leben mit gewissen Verallgemeinerungen über die Arbeit, das Leben, unser Unternehmen, die Menschen und die Welt; zum Beispiel: «Alles ist machbar!» oder: «Wenn Mitarbeiter genügend Lohn erhalten, sind sie zufrieden». Es geht nicht zuerst um die Beweisbarkeit einer solchen Verallgemeinerung, sondern darum, wie diese uns unterstützt, unser gewünschtes Resultat zu erzielen.

In den Bereich der GLAUBENSSÄTZE gehören also alle Überzeugungen, seien sie positiv oder negativ, die innerhalb eines Bereiches oder des ganzen Unternehmens vertreten werden. Dies können optimistische GLAUBENSSÄTZE sein, die zum Beispiel beinhalten: «Wir bieten unserem Kunden den besten Service», «Wir sind das leistungsstärkste Unternehmen in unserem Geschäftsfeld», «Gemeinsam sind wir stark», «Keiner verkauft so gut wie wir» oder «Wir sind das Herz des Unternehmens».

Es gibt aber auch negative GLAUBENSSÄTZE, wie zum Beispiel: «Wir sind die Fußabtreter des Unternehmens», «Wir sind Mädchen für alles», «Wir können mehr, als wir dürfen». Es können ebenfalls negative GLAUBENSSÄTZE über den Markt sein: «Wir sind in einem rückgängigen Markt, und deshalb können wir gar nichts schaffen.» Solche Gedanken schränken die Leistungsfähigkeit und Motivation zwar ein, können aber als Beschreibung einer Stimmung von Bedeutung sein.

Es ist deshalb in der Regel sinnvoll, sowohl positive als auch negative GLAUBENSSÄTZE zusammenzutragen. Manchmal fällt es etwas schwerer, die negativen festzuhalten, weil Geschäftsleitungsmitglieder zu diesen nicht gerne stehen wollen. Das kann besonders im Kreis ihrer Leitungskollegen der Fall sein. Gleichwohl ist es meist einfach, nochmals nachzufragen, was es denn für negative Überzeugungen gibt. Schließlich ist es im Grunde selbstverständlich, dass es in einem Unternehmen auch negative GLAUBENSSÄTZE gibt.

Die positiven GLAUBENSSÄTZE können notiert werden, um sie in Form eines Leitbildes oder einer Unternehmensverfassung den Mitarbeitern mitzuteilen und sie dadurch zu motivieren und anzuspornen. Außerdem können besonders die positiven GLAUBENSSÄTZE dazu dienen, dass die Führungskräfte sich auf diese Sätze konzentrieren und sie häufiger im Zusammenhang mit Gesprächsrunden oder Arbeitssitzungen im Beisein der Mitarbeiter erwähnen.

Die Beschreibung von negativen GLAUBENSSÄTZEN ist deshalb sinnvoll und notwendig, weil die Führungskraft dadurch erkennt, welche negativen Einstellungen ihrer Mitarbeiter (oder sogar sich selbst) sie unbedingt entgegentreten muss.

Innerhalb der Marketingabteilung eines mittelständischen Unternehmens mit zirka 150 Mitarbeitern kursierte die Aussage: «Wir können mehr, als wir dürfen.» Dieser GLAUBENSSATZ spiegelte die Unzufriedenheit der gut ausgebildeten Marketingleute wieder, weil sie neben echten Marketingaufgaben häufig als «Mädchen für alles» eingesetzt wurden.

Diese Situation war innerhalb dieses relativ kleinen Unternehmens nicht zu verändern. Deshalb musste der Marketingchef, der diese Ansicht ursprünglich ebenfalls teilte, zunächst seine eigene Denkweise überprüfen. Er entwickelte den neuen GLAUBENSSATZ: «Wir tun, was wir können, zum Wohle der Unternehmens.» Diese Einstellung kommunizierte, diskutierte und vermittelte er nun seinen Mitarbeitern. Falls diese neue Einstellung von jemandem auf keinen Fall geteilt werden kann, muss diese Person oder ihre Führungskraft eventuell über grundsätzliche Konsequenzen nachdenken. Auf die Dauer würde dieser Mitarbeiter ständig mit angezogener Bremse Vollgas geben müssen. Das ist weder für ihn noch für seine Umgebung nützlich.

Es gibt auch negative GLAUBENSSÄTZE, die man am besten im Raum stehen lässt. Sie fallen in die Kategorie «Gemeckert wird immer» und «Daran können wir uns nicht orientieren». Damit soll nicht gesagt sein, dass negative GLAUBENSSÄTZE einfach ignoriert werden sollen. Wenn sie aber Fragen betreffen, die nicht beeinflusst werden können (weil sie beispielsweise der UMGEBUNG zugeordnet werden müssen), oder die kritische Stellungnahme eher als «seelisches Ventil» verstanden werden muss, ist der Weg zur Lösung dieses Konfliktes ein anderer und sicher nicht Bestandteil einer Strategieplanung.

Ein typisches Beispiel war der GLAUBENSSATZ: «Wir haben ein Parkplatzproblem.» In einer Bankfiliale mitten in einer europäischen Großstadt waren in der Regel ab zirka acht Uhr morgens keine freien Parkplätze auf dem firmeneigenen Gelände mehr zu finden. In der UMGEBUNG sah es auch nicht besser aus. Es gab eine immer während Diskussion über diesen unangenehmen Zustand. Die Möglichkeiten zur Veränderung waren bereits vollständig abgeklärt, und es gab keine praktische Lösung.

In dieser Situation macht es keinen Sinn, diese Diskussionen fortzuführen, da sie die Zusammenarbeit, das Arbeitsklima und die Leistung der Mitarbeiter und der Bank als Ganze nur minimal tangieren.

Schließlich gibt es GLAUBENSSÄTZE, die sich so negativ auswirken, dass man für diese Punkte unbedingt eine Lösung finden muss.

In einem Mittelstandsunternehmen und Industriezulieferungsbetrieb gab es den GLAUBENSSATZ: «Unser Vertrieb ist schlecht und trinkt nur Kaffee.» Einerseits hatte der Vertrieb im Hause schon immer einen schweren Stand, weil die Vertriebsmitarbeiter im Gegensatz zu den anderen deutlich besser angezogen waren und «sauberere» und «weniger sichtbarere» Tätigkeiten hatten – der klassische Widerspruch «blue collar» gegen «white collar».

Dazu kam, dass der Markt nach und nach derart unter Druck geraten war, dass die Umsatzzahlen nicht den Planungen entsprachen. Dadurch gab es Unsicherheiten über die Zukunft im gesamten Betrieb. Der ganze Unmut wurde zu Unrecht am Vertrieb ausgelassen.

In dieser Situation war es einerseits nützlich, dem internen Druck auf die Vertriebsabteilung durch veränderte GLAUBENSSÄTZE und deren Kommunikation etwas Positives entgegenzusetzen. Außerdem war es noch wichtiger, Anpassungen im ganzen Unternehmen vorzunehmen, um der neuen Marktsituation erfolgreich gewachsen zu sein.

Zusammengefasst lässt sich festhalten, dass GLAUBENSSÄTZE alle möglichen positiven oder negativen, unausgesprochenen oder offen kommunizierten Einstellungen sämtlicher Mitarbeiter darstellen, die für das Unternehmen relevant sein könnten.

Weitere Beispiele für positive GLAUBENSSÄTZE: Ich/Wir sind die Besten. Unsere Kunden sind zufrieden oder begeistert von unserer Leistung. Wir sind schneller als die anderen. Unsere Arbeit macht Spaß oder ist besonders sinnvoll. Das Arbeitsklima ist hervorragend. Unsere Mitarbeiter sind höchst qualifiziert. Wir sind ein gutes Team. Die Führung lebt ihre Anforderungen vor. Ich/Wir sind stark motiviert. Die Bezahlung ist gut und das Essen auch. Die Liste der GLAUBENSSÄTZE ist unendlich.

Beispiele für negative GLAUBENSSÄTZE: Unsere Produkte sind schlecht und zu teuer. Unsere Führung ist lausig. Mit uns kann man es ja machen. Bei uns weiß keiner Bescheid. Ständig gibt es neue Anweisungen. Früher war alles besser. Ich/Wir arbeiten nur für das Geld. Unsere Arbeitsweise ist unmoralisch. Es gibt zu wenig Parkplätze.

Positive GLAUBENSSÄTZE sind dann besonders nützlich, wenn sie

- einen starken, guten «egoistischen» Anteil haben
- und gleichzeitig einen kraftvollen, förderlichen, altruistischen Aspekt beinhalten.

Durch Punkt eins wird sichergestellt, dass die Mitarbeiter und die Leitung eines Bereiches sich selbst als positiv, stark und erfolgreich handlungsfähig betrachten und empfinden. Auf dieser Grundlage sind die täglichen Aktivitäten erfreulicher und motivierender, als wenn negative innere Überzeugungen im Vordergrund stehen.

Der zweite, altruistische Aspekt fördert das konstruktive Denken und Handeln über die Abteilungs- und Unternehmensgrenzen hin-weg. Dadurch wird der in vielen Unternehmen vorhandenen «Knack-nuss», der schwierigen Kommunikation, Zusammenarbeit und Ko-operation zwischen verschiedenen Abteilungen und mit den Kunden, entgegengewirkt. Das bedeutet: Ein positiver GLAUBENSSATZ enthält nicht nur eine motivierende Selbstbestätigung als Selbstzweck, sondern die ausgedrückte Stärke wird für das Unternehmen und/oder die Kunden, Lieferanten oder die sonstige Umgebung konstruktiv eingesetzt.

Demzufolge lautet ein formelhafter idealer GLAUBENSSATZ etwa wie folgt:

Wir sind oder leisten Großartiges zum Wohle und Nutzen unserer ganzen Umgebung.

Auf dieser Basis können Sie die für Ihren Bereich oder Ihr Unternehmen passenden Glaubenssatzaussagen formulieren.

Eine Ergänzung muss aber gemacht werden. Vielleicht kommt es einigen von Ihnen vor, als handle es sich hier um die Selbstverpflichtungen zum 11. Parteitag unseligen Angedenkens (von wem auch immer). Nichts liegt mir ferner. Es dreht sich darum, positive Denkweisen und Einstellungen als GLAUBENSSÄTZE zu formulieren, die angestrebt werden können und die grundsätzlich realistisch sind.

Die weitere Anleitung und Beispiele dazu finden Sie in Kapitel IV (Seite 189f.).

Die Unterscheidung zu den Werten

Diesmal ist der andere Charakter der GLAUBENSSÄTZE im Verhältnis zu den WERTEN sehr deutlich: WERTE sind Begriffe und keine Sätze. Sie verkörpern positive Inhalte. Die WERTE, die interessieren und die wir in der Unternehmenspyramide betrachten, sind ausschließlich positiv. Außerdem sind sie hierarchisch geordnet und stehen nicht wie die GLAUBENSSÄTZE unverbunden und manchmal sogar widersprüchlich nebeneinander.

Werte

Auf der nächsten Ebene werden die WERTE des Unternehmens betrachtet: Welche WERTE sollen im Unternehmen von Bedeutung sein, damit es optimal funktioniert?

Unter WERTEN sind immer einzelne Begriffe zu verstehen. Sie beschreiben einen inneren Zustand, Einstellungen, grundsätzliche Ausrichtungen und Werthaltungen. Es gibt potenziell viele Tausende davon.

In die Strategieentwicklung fließt allerdings meist eine gute Hand voll von bis zu maximal 20 WERTEN ein. Dabei handelt es sich um so genannte Softfaktoren, die sehr stark die langfristige Orientierung eines Unternehmens beeinflussen. Beispiele für WERTE sind Erfolg, Ehrlichkeit, Offenheit, Leistungsorientierung, Kundenorientierung, Mitarbeiterorientierung, Factory-driven, Sales-driven, Schnelligkeit, höchste Qualität usw.

WERTE werden zwar «nur» durch ein paar einzelne Begriffe dargestellt, aber es hat sich Folgendes dazu herausgestellt: Wenn Führungskräfte sehr positive WERTE verinnerlicht haben, an diese wirklich glauben und sich vor allem dementsprechend verhalten, überträgt sich diese Werthaltung auch auf die Verhaltensweise der Mitarbeiter.

Dies gilt selbst für neue Mitarbeiter, die auf diese Weise außergewöhnlich schnell lernen, was es in diesem Unternehmen zu tun und zu lassen gilt.

Es gibt zu dieser Frage eine interessante Untersuchung. In einem Warenhaus wurde analysiert, ob eine hohe Kundenorientierung vorhanden ist und ob sie messbar ist.

Zuerst wurde eine Umfrage gestartet, ob die Mitarbeiter der Ansicht seien, das Unternehmen sei kundenorientiert. Dies war der Fall.

Dann versuchte man zu eruieren, woran sich die Kundenorientierung festmachen lässt. Es wurden verschiedene Dinge beobachtet, wie die Ausstattung der Auslagen, Reklamationsbehandlung, das Aussehen und Auftreten der Mitarbeiter. Aber all diese Elemente brachten kein Ergebnis. Das heißt, die Kundenorientierung ließ sich nicht an irgendwelchen äußeren Faktoren festmachen. Was allerdings überall zutraf, war, dass die Kundenorientierung in jenen Warenhäusern besonders hoch eingeschätzt wurde, in denen die Führungskräfte in hohem Maße vom Wert der Kundenorientierung überzeugt waren. Dies belegt, dass klare innere Überzeugungen sich nach außen projizieren und zwar nicht nur bei den Führungskräften selbst, sondern auch bei deren Mitarbeitern.

WERTE sind also die relativ wenigen tief verwurzelten positiven Grund-
einstellungen, die in einem Unternehmen bewusst oder unbewusst
über lange Zeit akzeptiert und gelebt werden.

> Weitere mögliche Beispiele für Werte sind: Dynamik, Vertrauen, Ehr-
> lichkeit, Sicherheit, Loyalität, Schnelligkeit, Teamorientierung, Kunden-
> orientie-rung, Perfektion, Tradition, Innovation, Jugendlichkeit, Kreati-
> vität, Stär-ke, Offenheit, Marktorientierung usw.

Jedes Unternehmen hat eine begrenzte Auswahl an hierarchisch ge-
ordneten WERTEN.

Die Unterscheidung zur Identität

Auch hier ist die Unterscheidung einfach: Die IDENTITÄT wird im Gegensatz zu den WERTEN in Sätzen formuliert. Daraus ergibt sich der unterschiedliche Inhalt (siehe unten).

Identität

Die Aussagen zur IDENTITÄT beschreiben Tatsachen oder Situationen,
die von jedem wahrgenommen werden können. Sie sind oft in der Herkunft oder dem Standort des Unternehmens begründet. Identitätsaussagen sind außerdem Beschreibungen von Dingen, die mehr oder
weniger unveränderlich sind. Auch Unternehmenswerte sind oft über
eine lange Zeit hinweg stabil, allerdings sind sie leichter zu verändern
als Punkte der IDENTITÄT.

In der IDENTITÄT finden sich also die «tiefsten» Überzeugungen und

Tatsachen darüber, wer oder was das Unternehmen oder ein Bereich ist. Sie kann ebenfalls mit Standortfaktoren verbunden sein, wie zum Beispiel: «Wir sind ein deutsches Unternehmen», «Wir sind ein internationales Unternehmen».

Es können aber auch tief verwurzelte Eigenschaften sein, zum Beispiel: «Wir sind ein Höchstleistungsunternehmen», «Wir sind ein Ingenieurunternehmen». Nur wenn solche Aussagen unumstößlich sind, gehören sie in den IDENTITÄTsbereich der Unternehmenspyramide. Ist dies nicht der Fall, sollte man solche Formulierungen in den Punkt GLAUBENSSÄTZE einordnen.

Weiterhin gehören Dinge in die IDENTITÄT wie: «Wir sind eine Bank», «Wir sind ein Versicherungsunternehmen», «Wir sind ein Industrieunternehmen», Themen also, die die grundlegenden Geschäftstätigkeiten oder -bereiche beschreiben.

Die IDENTITÄT wird also durch die stabilsten GLAUBENSSÄTZE eines Unternehmens beschrieben. Solche Sätze können deshalb noch bestehen, wenn die Tatsachen, auf die sie sich gründeten, verändert worden sind.

Solche Situationen führen oft zu Konflikten. Ist beispielsweise ein Familienunternehmen an einen Konzern verkauft worden, so hat sich dadurch zwangsläufig die bisherige IDENTITÄT verändert. Trotzdem werden sich die Mitarbeiter und Führungskräfte des ehemaligen Familienbetriebs nicht sofort mit ihrer neuen IDENTITÄT als Mitarbeiter eines Konzerns anfreunden. Meistens braucht es entweder eine geraume Zeit der Umstellung oder eine kürzere Zeit mit gezielten Maßnahmen, um die neue IDENTITÄT positiv zu verinnerlichen. Mögliche Maßnahmen sind Workshops mit der Unternehmenspyramide.

Es folgen einige weitere Beispiele zu Firmenidentitäten:

> Wir sind ein Staatsbetrieb. Wir sind ein Familienunternehmen. Wir sind ein Dienstleistungsunternehmen. Wir sind ein Kleinbetrieb. Wir sind ein Konzern. Wir sind ein Großpumpenhersteller. Wir sind ein Komponentenhersteller. Wir sind ein Softwareunternehmen.

Eine ausführlichere Checkliste zur IDENTITÄT finden Sie in Kapitel IV (Seite 198).

Die Unterscheidung zur Vision

Zur IDENTITÄT können eine Reihe von Aussagen gehören, die auf Tatsachen beruhen. Die VISION besteht dagegen in der Regel nur aus ein oder zwei zusammenhängenden Aussagen, die weit über das ganze Unternehmen herausreichen und sich nicht auf bereits Bestehendes gründen müssen.

Vision

Auf der obersten Stufe steht die VISION: Was will das Unternehmen anstreben?

Es gibt manchmal eine Verwirrung zwischen hoch gesteckten strategischen Zielen und der VISION eines Unternehmens. Manche Führungskräfte sind versucht, STRATEGISCHE ZIELE, die mit Zahlen verbunden sind, als VISION zu bezeichnen: «Wir wollen innerhalb von fünf Jahren 200 Millionen Euro Umsatz machen. Wir werden Marktführer in diesem Bereich.» Solche Aussagen gehören zu den STRATEGISCHEN ZIELEN und nicht zu den VISIONEN.

Die VISION soll ein Ziel von hoher Qualität beinhalten und nicht bloß ein rein materielles Zahlenziel. Eine VISION soll inspirieren. Wie oben bereits gesagt, muss die VISION deshalb in gewisser Weise «unerreichbar» sein.

Eine VISION sollte wie die Glaubenssätze ebenfalls eine altruistische und ein egoistische Komponente haben, also etwas beschreiben, was gut für das Unternehmen ist und gleichzeitig einen Beitrag zum Wohlergehen der Umgebung leistet, zum Beispiel in der folgenden Form: «Wir sind das exzellenteste Unternehmen in diesem Bereich.»

Eine VISION, die sehr berühmt geworden ist, ist Coca-Colas: «Place a Coke in the reach of every human being on the planet.» Sie drückt einerseits ein großes Selbstbewusstsein aus (das wäre die egoistische Komponente) und beabsichtigt außerdem etwas im weiteren Sinne Altruistisches (jeder soll sie haben können, die Cola).

Eine weitere sehr bekannt gewordene VISION ist die von Bill Gates. Gates soll mit 18 Jahren den Plan ins Auge gefasst haben, dafür zu sorgen, dass in jedem Wohnzimmer ein PC stehen kann. Diese VISION ist zwar nicht de facto zu verwirklichen. Aber sie ist so groß, dass sie langfristig Erfolg, Arbeit und Nutzen sichern kann. Sie soll ein Leitstern sein, der sich nicht verändert.

Manchmal kann es sinnvoll sein, eine VISION zu verändern:

Ein Unternehmen hatte seine VISION ursprünglich mit dem Satz definiert: «Wir sind ein exzellenter Produzent für Großpumpen.» Im Laufe der Zeit war das Unternehmen stark unter Druck geraten, da sich der Markt deutlich zurückentwickelt hatte. Die alleinige Perspektive, ein Produzent von Großpumpen zu sein, bot nicht mehr die Sicherheit, erfolgreich in die Zukunft zu gehen. Deshalb veränderte die Führungsmannschaft in einem Workshop ihre bisherige VISION. Die neue VISION lautete: «Wir sind ein exzellentes Ingenieurunternehmen im Bereich

Wassertransport.» Dadurch wurde ein neuer und größerer Denk- und Handlungsrahmen gegeben.

Weitere Beispiele:
Wir machen die Messgeräte für die Wasserversorgung der Welt.
Wir sind Förderer der Printmedien.
Wir sorgen dafür, dass in jedem Wohnzimmer ein Computer steht.
Wir platzieren eine Coca-Cola in die Reichweite von jedem Menschen auf der Welt.

Die ausführliche Checkliste findet sich hierzu in Kapitel IV (Seite 200 f.).

Abgrenzungen und Verbindungen zwischen den Ebenen

Probleme der Abgrenzungen

Die Abgrenzung zwischen den einzelnen Bereichen der Unternehmenspyramide ist, wie weiter oben bereits ersichtlich wurde, nicht immer eindeutig.

Tätigkeiten und Fähigkeiten
Die erste und vielleicht auch größte Schwierigkeit besteht bei der Unterscheidung zwischen den TÄTIGKEITEN und FÄHIGKEITEN: Zum Beispiel ist das Telefonieren einerseits eine TÄTIGKEIT, andererseits könnte man es auch in den Bereich der FÄHIGKEITEN einordnen. Das aber ergibt nur einen Sinn, wenn das Telefonieren eine ganz besondere Leistung des Unternehmens darstellt: in einer Telemarketingabteilung, einer Empfangs-

abteilung, die sehr viel mit wichtigen Kunden zu tun hat, oder in einem Unternehmen, das insgesamt im Telefonmarketing tätig ist. Umgekehrt wird Autofahren in einem Beratungsunternehmen sicher nicht als FÄHIGKEIT eingetragen, obwohl sicher alle Mitarbeiter fahren können und müssen – es gehört nicht zum Leistungsspektrum des Unternehmens.

Kurz gesagt: TÄTIGKEITEN können auch FÄHIGKEITEN sein und umgekehrt. FÄHIGKEITEN werden für unseren Zweck bedeutsam, wenn sie in besonderer Weise den Unternehmenserfolg sichern.

Weiterhin können TÄTIGKEITEN paradoxerweise ebenfalls als FÄHIGKEITEN festgehalten werden, wenn sie nicht oder nicht gut genug ausgeführt werden. Das kann sogar das (fehlende) freundliche Lächeln am Empfang sein, aber auch der (unzureichende) Umgang mit einem bestimmten Computerprogramm. Dieser Umkehrschluss ist ebenfalls wichtig, weil die Analyse mit der Unternehmenspyramide ja gerade den Zweck hat, Schwächen aufzudecken.

Strategische Ziele und positive Glaubenssätze

Ein weiteres Definitionsproblem ergibt sich bei der Bestimmung von STRATEGISCHEN ZIELEN und positiven GLAUBENSSÄTZEN, denn auch dort ist der Unterschied oft nur graduell. Die Aussage «Wir sind die Nummer eins im Bereich XY» kann sowohl ein STRATEGISCHES ZIEL als auch ein GLAUBENSSATZ sein. Inhalte von GLAUBENSSÄTZEN sollten zwar bereits eine reale Situation oder Einschätzung wiedergeben und nicht wie bei den Zielen in der Zukunft liegen, aber es gibt Situationen, in denen sich die obige Aussage nicht ganz eindeutig verifizieren lässt.

Im Zweifelsfall kann die gleiche Aussage auf beiden Ebenen eingetragen werden. Das ist allerdings nur dann sinnvoll, wenn es ein sehr wichtiger Punkt ist.

Im Allgemeinen helfen bei der Unterscheidung zwischen STRATEGISCHEN ZIELEN und GLAUBENSSÄTZEN die folgenden Fragen als Faustregel:

- Ist dieser Punkt etwas, was wir in der Zukunft erreichen oder sichern wollen? (Bei «Ja» STRATEGISCHES ZIEL)
- Ist dieser Punkt etwas, von dem wir glauben, dass es (jetzt) zutrifft? (Bei «Ja» GLAUBENSSATZ)

Glaubenssätze und Identitätsaussage

Eine weitere Differenzierung, die eventuell verwirren kann, ist die zwischen GLAUBENSSÄTZEN und IDENTITÄTSaussagen. Auch hier kann nämlich die Form der Aussage die gleiche sein. Außerdem kann man die IDENTITÄT als die tiefsten Überzeugungen, als GLAUBENSSÄTZE des Unternehmens über sich selbst bezeichnen.

Die Unterscheidung dieser beiden Ebenen lässt sich also nur aus der inhaltlichen Logik ableiten. Nehmen wir zum Beispiel die Aussage: «Wir sind ein Ingenieurunternehmen.» Liegt das Schwergewicht dabei eher in der Richtung, dass «es eben einfach so ist», gehört der Satz in die IDENTITÄT, denn er beschreibt eine Selbstverständlichkeit. Soll diese Aussage eher motiviert werden, kann man sie zu den GLAUBENSSÄTZEN rechnen. Auf diese Weise lässt sich bei allen «Wir sind»-Sätzen überprüfen, ob sie in den einen oder den anderen Bereich gehören.

Zwei weitere einfache Regeln zur Abgrenzung zwischen GLAUBENSSÄTZEN und der IDENTITÄT sind:

- Negative Aussagen gehören nie in die IDENTITÄT. Beispiel: «Wir sind die Fußabtreter des Unternehmens.» Dies ist ein negativer GLAUBENSSATZ, den man verändern sollte.
- Sätze, in denen «Wir sind ...» nicht vorkommt, sind ebenfalls GLAUBENSSÄTZE. Beispiele: Unsere Arbeit macht Spass. Im Team geht alles besser. Der Kunde geht immer vor.

Strategisches Ziel und Vision

Wichtig ist, dass STRATEGISCHE ZIELE nicht versehentlich mit VISIONEN verwechselt werden. Für die richtigen Definitionen hilft eine Faustregel:

Diese besagt, dass eine VISION explizit oder implizit einen egozentrischen und einen altruistischen Teil beinhalten sollte.

STRATEGISCHE ZIELE sind dagegen auf die Vergrößerung des Erfolgs des entsprechenden Unternehmens ausgerichtet.

Welche Verbindungen gibt es zwischen den Ebenen?

Damit die Unternehmenspyramide eine harmonische Einheit ergibt, die im Alltag zu erfolgreichen Ergebnissen führt, müssen die Inhalte der verschiedenen Ebenen nicht nur klar abgegrenzt sein, sondern inhaltlich gut miteinander in Verbindung stehen.

Das wird unter anderem dadurch erreicht, dass man wichtige Begriffe nicht nur auf einer, sondern auf mehreren Ebenen positioniert. Findet sich also Erfolg in den WERTEN, kann man einen GLAUBENSSATZ haben, der «Erfolg macht Spaß» lautet. In der IDENTITÄT heißt es außerdem vielleicht: «Wir sind ein erfolgreiches Familienunternehmen.» Dementsprechend gestaltet man die ZIELE anspruchsvoll, und die FÄHIGKEITEN sind auf einem hohen Niveau.

Finden sich beim ersten Ausfüllen der Unternehmenspyramide deutliche Brüche und Diskrepanzen zwischen den Ebenen, ist dies der Ausgangspunkt für konstruktive Veränderungen.

Weitere Erläuterungen zur inneren Logik der Unternehmenspyramide finden Sie in Kapitel III (Seite 107) unter dem Titel «Wieso und Wie».

.

Kapitel II

Lebendige Pyramiden: Praxisbeispiele

In diesem Kapitel finden sich Beispiele aus der Praxis. Sie stammen alle aus den letzten Jahren. Bei einigen gibt es bereits interessante Umsetzungsergebnisse. Andere sind zurzeit noch in Bearbeitung. Auch die Ziele und Umsetzungsbereiche, die bei der Strategieentwicklung mit der Unternehmenspyramide verfolgt wurden, sind in jedem Beispiel unterschiedlich. Schließlich variiert die Zeit der Beschäftigung mit dem Thema von Beispiel zu Beispiel recht deutlich.

Das aber ist gerade das Schöne: Die Unternehmenspyramide ist für die unterschiedlichsten Unternehmen, Bereiche und Situationen einsetzbar.

Unternehmenspyramide von Ott Hydrometry

Ott Hydrometry produziert und vertreibt Apparate zur Wassermesstechnik. Das Unternehmen hat zirka 100 Mitarbeiterinnen und Mitarbeiter an ihrem Zentralstandort in Kempten (D) und 120 inklusive der Vertriebsorganisationen in sieben verschiedenen Ländern in Europa und weltweit. Außerdem ist Ott durch Vertriebspartner in zirka 85 Ländern der Welt vertreten.

Im April 1998 wurde im Geschäftsleitungsteam im Rahmen eines Workshops zunächst die Gesamtpyramide erarbeitet. Beteiligt daran waren der Geschäftsführer und Eigentümer der Firma und die Chefs der Bereiche Vertrieb, EDV, Entwicklung, Qualitätssicherung, Produktion, Personal und Controlling.

Die Gesamtpyramide beinhaltete vor allen Dingen eine Besonderheit, und zwar ein sehr hoch gestecktes Ziel: die Erhöhung des Umsatzes von damals knapp 16 Millionen DM auf 50 Millionen innerhalb von fünf Jahren, was eine starke Veränderung des Unternehmens bewirken würde.

Vision
Wir setzen
Meilensteine in
der Beobachtung
des weltweiten Wasser-
kreislaufes mit bezahl-
baren Instrumenten

Identität
Wir sind die erfahrensten,
kontinuierlichsten Spezialisten
weltweit in der Wassermessung

Werte
Kreativität / Offenheit /
Seriosität / Erfolg / Zuverlässigkeit

Glaubenssätze
Wir sind die Besten / Wir haben die besten, inno-
vativsten Geräte / Beste Qualität / Wir wollen für die
Kundenzufriedenheit arbeiten / Wir sind eine tolle Truppe /
Wir schaffen es / Wir haben den besten Chef / Alle Arbeiten
sind wichtig / Zahlen sind wichtig, zeigen, wo wir stehen /
Spitzenleistung macht Spaß / Wir senken die Kosten / Wer anfangs
investiert, spart am Ende / Wir glauben an eine positive Zukunft

Ziele
50 Mio. in 5 Jahren (2003) / Auslastung übers ganze Jahr / Größere
Serien / Weniger Produkte / Immer besser als die anderen sein (mind. 2
Schritte) / Verkürzte Entwicklungszeiten / Kostenbewusste Entwicklung /
Kundenzufriedenheit testen / Verbesserung der Kommunikation an den
Schnittstellen / Rentabilitätssteigerung / Ausbau der Vertriebstöchter / -kanäle

Fähigkeiten
Mechanische und elektronische Fähigkeiten in exzellenter Kombination / Weltweite
(bestehende) Vertriebsorganisation / Viele Produkte mit Alleinstellungsmerkmalen /
Produkte, die vordenkend Kundenanforderungen erfüllen / Fundiertes hydrologisches
Know-how / Organisation wie Großunternehmen / Flexibilität wie Kleinbetrieb

Ott-Unternehmenspyramide

Hier ist nun die Darstellung ohne grafische Elemente.

Vision
Wir setzen Meilensteine in der Beobachtung des weltweiten Wasserkreislaufes mit bezahlbaren Instrumenten.

Identität
Wir sind die erfahrensten, kontinuierlichsten Spezialisten weltweit in
der Wassermessung.

Werte
Kreativität / Offenheit / Seriosität / Erfolg / Zuverlässigkeit

Glaubenssätze
Wir sind die Besten / Wir haben die besten, innovativsten Geräte / Beste Qualität / Wir wollen für die Kundenzufriedenheit arbeiten / Wir sind
eine tolle Truppe / Wir schaffen es / Wir haben den besten Chef / Alle
Arbeiten sind wichtig / Zahlen sind wichtig, zeigen, wo wir stehen / Spitzenleistung macht Spaß / Wir senken die Kosten / Wer anfangs investiert, spart am Ende / Wir glauben an eine positive Zukunft.

Ziele
50 Millionen in fünf Jahren (2003) / Auslastung übers ganze Jahr / Größere Serien / Weniger Produkte / Immer besser als die anderen sein
(mindestens zwei Schritte) / Verkürzte Entwicklungszeiten / Kostenbewusste Entwicklung / Kundenzufriedenheit testen / Verbesserung der
Kommunikation an den Schnittstellen / Rentabilitätssteigerung / Ausbau der Vertriebstöchter / -kanäle

Fähigkeiten
Mechanische und elektronische FÄHIGKEITEN in exzellenter Kombination / Weltweite (bestehende) Vertriebsorganisation / Viele Produkte mit Alleinstellungsmerkmalen / Produkte, die vordenkend Kundenanforderungen erfüllen / Fundiertes hydrologisches Know-how / Organisation wie Großunternehmen / Flexibilität wie Kleinbetrieb

Ein paar Monate später wurde in einem weiteren Workshop die Pyramide für den gesamten Vertriebsbereich von Ott erstellt. Da der Vertriebschef dabei war, konnte er die Punkte, die durch die Gesamtpyramide bereits vorgegeben waren, mit in die Erarbeitung einfließen lassen.

Unten sehen Sie zunächst wieder die optisch attraktivere grafische Darstellung:

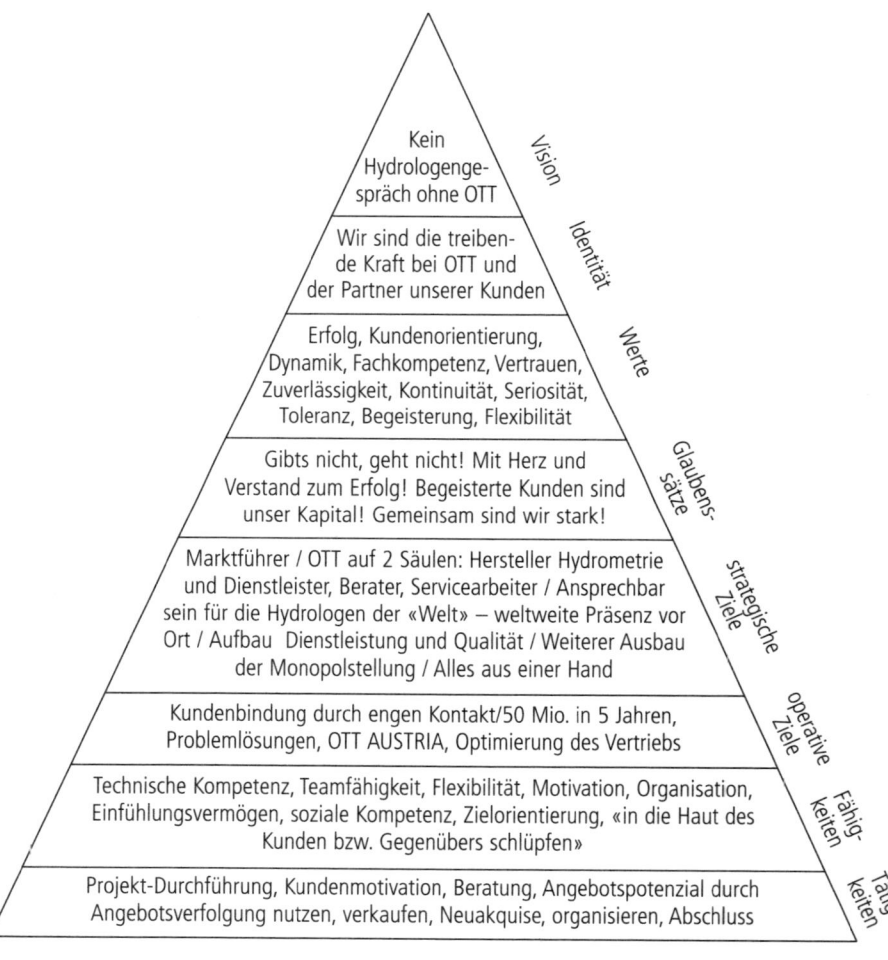

Ott-Unternehmenspyramide II

Vision
Kein Hydrologengespräch ohne OTT!

Identität
Wir sind die treibende Kraft bei OTT und der Partner unserer Kunden.

Werte
Erfolg, Kundenorientierung, Dynamik, Fachkompetenz, Vertrauen, Zuverlässigkeit, Kontinuität, Seriosität, Toleranz, Begeisterung, Flexibilität.

Glaubenssätze
Gibts nicht, geht nicht! Mit Herz und Verstand zum Erfolg! Begeisterte Kunden sind unser Kapital! Gemeinsam sind wir stark!

Strategische Ziele
Marktführer / OTT auf zwei Säulen: Hersteller Hydrometrie und Dienstleister, Berater, Serviceanbieter / Ansprechbar sein für die Hydrologen der «Welt» – weltweite Präsenz vor Ort / Aufbau Dienstleistung und Qualität / Weiterer Ausbau der Monopolstellung / Alles aus einer Hand.

Operative Ziele
Kundenbindung durch engen Kontakt, 50 Millionen in fünf Jahren, Problemlösungen, OTT AUSTRIA, Optimierung des Vertriebs.

Fähigkeiten
Technische Kompetenz, Teamfähigkeit, Flexibilität, Motivation, Organisation, Einfühlungsvermögen, soziale Kompetenz, Zielorientierung, «in die Haut des Kunden bzw. Gegenübers schlüpfen».

Tätigkeiten
Projekt-Durchführung, Kundenmotivation, Beratung, Angebotspotential durch Angebotsverfolgung nutzen, verkaufen, Neuakquise, organisieren, Abschluss.

Im Frühjahr 2001, drei Jahre nach der Erarbeitung der Unternehmenspyramide, erhielt ich folgendes Feedback:

Die Pyramide wird nach wie vor zur Information und Motivation bei den Mitarbeitern von OTT eingesetzt. Auch die Kunden werden mit Hilfe der Inhalte der Pyramide mittels Unterlagen und vor allem auf der Homepage über OTT anschaulich und ausführlich informiert. Die Unternehmenspyramide ist weiterhin immer noch der Ausgangspunkt bei der Festlegung neuer Ziele.

Außerdem teilte mir der Vertriebschef mit, dass die rasante Entwicklung der letzten Jahre auf keinen Fall möglich gewesen wäre, wenn die Pyramide nicht erarbeitet worden wäre und immer wieder kommuniziert würde. Er schränkte allerdings ein, dass das Ziel von 50 Millionen DM (oder von 25 Millionen Euro) vielleicht doch etwas zu hoch gegriffen gewesen sei. Bereits bei der Erarbeitung der Pyramide stand dieser Punkt in Frage, da es eine sehr große Anstrengung erfordern würde und das Unternehmen sich dafür sehr stark verändern müsste.

Gegen Ende des Jahres 2001 ergab sich dann eine erstaunliche Situation. Ein Großauftrag von zirka 16 Millionen DM schneite herein und wird den Umsatz 2002 und 2003 deutlich erhöhen. Zum Ende des Jahres 2001 waren es 15 Millionen Euro. Bis Ende 2002 werden rund 20 Millionen Euro erwartet. Auf diese Weise ist plötzlich sogar das sehr anspruchsvolle Ziel von 25 Millionen Euro bis 2003 in erreichbare Nähe gerückt.

Zum Abschluss nun die Antworten auf einige Auswertungsfragen, die mir der Vertriebschef der Firma Ott Hydrometry, Herr Dr. Anton Felder, freundlicherweise beantwortete:

Was waren die wichtigsten Erkenntnisse, die Ihnen und Ihrem Unternehmen die Arbeit mit der Unternehmenspyramide gebracht haben?

Zuerst einmal war die gemeinsame Erarbeitung mit den Mitgliedern der Geschäftsleitung eine neue und positive Erfahrung. So waren wir stolz auf das Ergebnis und auch erstaunt, wie ein Unternehmen mit ein paar Worten beschrieben werden kann und ihm dadurch eine unverwechselbare Identität gegeben wurde. Die Pyramide hat bewirkt, dass jeder Mitarbeiter von Ott die VISION, die WERTE etc. kennt und ihm als Orientierung dienten Sie ist wie eine Kurzfassung des Businessplans und kann von jedem Mitarbeiter schnell erfasst werden.

Welche praktischen Ergebnisse haben Sie erzielt?

Praktische Ergebnisse sind nicht direkt in absoluten Zahlen quantifizierbar, vielmehr muss von Auswirkungen und Veränderungen gesprochen werden. Beispiele sind die Verbesserung der Firmenkultur, was sich im täglichen Miteinander widerspiegelt, oder in der Motivation, gemeinsam auf ein Ziel hinzuarbeiten. Der Mitarbeiter kennt die Strategie und die Ziele und ist dadurch eher bereit, seinen Beitrag dafür zu erbringen.

Wie nützlich war die Arbeit mit der Unternehmenspyramide für Sie und Ihr Unternehmen?

Bei Bewerbungsgesprächen zum Beispiel zeigen wir immer unsere Pyramide und haben dabei die Erfahrung gemacht, dass die Bewerber meist sehr überrascht sind, in einem Mittelstandsunternehmen so etwas vorzufinden. Das ergab sehr schnell ein positiven Eindruck vom

Unternehmen, was zur Folge hatte, dass ein sehr großes Interesse besteht, bei Ott arbeiten zu können.

Wem würden Sie die Strategiearbeit mit der Unternehmenspyramide empfehlen?

Grundsätzlich ist jedem Unternehmen die Unternehmenspyramide zu empfehlen, da sie den herkömmlichen Businessplan in wesentlichen Teilen auf einer Seite darstellt. Die Erstellung sollte jedoch in gemeinsamer Teamarbeit der Führungsebene erfolgen, und dies am besten unter professioneller Anleitung.

Unternehmenspyramide von Kemper System

Die Firma Kemper System in Vellmar (D) ist ein Unternehmen der Bauchemiebranche, das ein Nischenprodukt von hoher Qualität zur Abdichtung von Dächern produziert und vertreibt. Unter anderem wurden das Empire State Building in New York, die City Hall Reykjavik in Island und das riesige kugelförmige Meditation Center Matrimandir in Indien mit Kemperol, einem Flüssigkunststoff, abgedichtet. Kemper ist mit zirka 80 Mitarbeitern in Deutschland ein zwar kleineres, aber international tätiges Unternehmen mit sechs eigenen Auslandsniederlassungen mit 56 Mitarbeitern und vier Generalvertretungen. Außerdem gehört Kemper zur IBG, einer internationalen Gruppe mit Sitz in Köln.

Die Unternehmenspyramide wurde im Mai 1999 erarbeitet, und auch hier wurde sie besonders in zwei Situationen eingesetzt.

Das eine war die Entwicklung neuer Ziele im Zusammenhang mit einem Firmenzukauf innerhalb der Gruppe. Die Auswirkungen der gesteckten Ziele wurde auf allen Ebenen der Pyramide stimmig durchgearbeitet.

Hauptsächlich aber wurde die Unternehmenspyramide bei Kemper dazu benutzt, eine so genannte «Unternehmensverfassung» aufzustellen. Die Geschäftsführung hat diese gemeinsam mit Abteilungsleitern und Mitarbeitern entwickelt. Für die Veröffentlichung der Unternehmensverfassung wurden nur die oberen Bereiche der Pyramide benutzt, und zwar die GLAUBENSSÄTZE, die WERTE, die IDENTITÄT und die VISION. Die mit diesen Inhalten ausgestattete Faltbroschüre im Format A4 wurde sowohl Kunden als auch Mitarbeitern zur Verfügung gestellt.

Außerdem wurde die Unternehmensverfassung auf Würfel gedruckt. Auf zwei Seiten des Würfels befindet sich das Logo der Firma und auf den anderen vier Seiten die VISION, die IDENTITÄT, die GLAUBENSSÄTZE und die WERTE. Dieser Würfel steht in allen Büros des Unternehmens. Selbst auf Türen oder Plakaten sind Teile der Unternehmensverfassung abgedruckt worden, und die Führungsmannschaft sowie die Mitarbeiter orientieren sich an deren Inhalten.

Im Folgenden lesen Sie die Ausführungen, so wie sie in der oben erwähnten Faltbroschüre von Kemper abgedruckt sind.

Kemper Unternehmensverfassung

Liebe Mitarbeiterinnen, liebe Mitarbeiter,

KEMPER SYSTEM ist ein modernes, zukunftsorientiertes Unternehmen mit Perspektiven – für unsere Kunden und für Sie ganz persönlich.

KEMPEROL ist die Grundlage unseres Erfolges. Unsere wichtigste Ressource allerdings sind Sie, jede einzelne Mitarbeiterin und jeder einzelne Mitarbeiter. Sie geben den Ausschlag für unseren Erfolg.

Unsere Unternehmensverfassung ist Teil unserer Unternehmenskultur, die von Ihnen gelebt wird. Auf Sie kommt es an, damit wir in Zukunft erfolgreich weiter wachsen.

Ihre Geschäftsführung

Wer sind wir? Woran glauben wir? Welche Werte sind für uns wichtig? Welche Vision leitet unser tägliches Tun?

Das sind wesentliche Fragen, die wir uns immer wieder stellen und deren Antwort die Unternehmenspolitik und die Unternehmensziele prägend beeinflussen.

KEMPER SYSTEM – das sind wir alle! Alle Mitarbeiterinnen und Mitarbeiter arbeiten und leben in dieser Gemeinschaft mit ihrer ganz spezifischen, unverwechselbaren Kultur.

Wer sind wir? Was ist unsere Identität?

Wir sind ein leistungsstarkes, zukunftsorientiertes Unternehmen mit hochwertigen Produkten, eingebunden in eine schnell wachsende Gruppe auf dem Weg zur weltweiten Präsenz.

Wir sind leistungsstark, weil KEMPER SYSTEM schon seit vielen Jahren alle notwendigen Investitionen zur nachhaltigen Sicherung des Unternehmens überwiegend oder ausschließlich aus eigener Kraft, ohne fremde Hilfe planen und durchführen konnte.

KEMPER SYSTEM ist ein zukunftsorientiertes Unternehmen, das es verstanden hat, seine sehr kleine Marktnische durch Internationalisierung auszuweiten und zu vergrößern. Auslandsgesellschaften, die in ihren Ländern direkt auf die Bedürfnisse ihrer Kunden eingehen können, tragen langsam, aber immer mehr zur Sicherung unseres Unternehmenserfolges bei.

Wir beraten hochwertige Produkte, die nicht billig, aber anerkannt gut sind. Tausende von Referenzen belegen die Funktionsfähigkeit und Langlebigkeit der Produkte von KEMPER SYSTEM.

KEMPER SYSTEM ist eingebunden in die erfolgreiche, schnell wachsende IBG Group, die zu Beginn der 21. Jahrhunderts mit etwa 70 Firmen weltweit präsent ist.

Woran glauben wir? Was sind unsere Glaubenssätze?

Wir haben die besten Produkte. Wir lösen alle Probleme. Unsere Produkte werden weltweit gebraucht. Wir sind die Nummer eins!

KEMPER SYSTEM war der Pionier der Abdichtung mit Flüssigkunststoff. KEMPEROL ist der Klassiker der vliesarmierten Abdichtungen auf der Basis unterschiedlicher Flüssigkunststoffe. Wir waren der Wegbereiter für eine kleine Spezialistenbranche. Unsere Produkte, früher als exotisch bezeichnet und kaum bekannt, sind heute anerkannter Stand der Technik und in den Regelwerken verankert.

Für KEMPER SYSTEM gibt es keine unlösbaren Probleme.

Unsere Produkte lösen alle Abdichtungsprobleme unserer Kunden in allen Anwendungsbereichen. Ob in Indien oder Alaska, in Sibirien oder der arabischen Wüste, auf den höchsten Bergen, den größten Gebäuden, den kleinsten Balkonen – auf der ganzen Welt werden unsere Produkte eingesetzt und verarbeitet. Ja – wir sind die Nummer eins in unserem Marktsegment!

Welche Werte sind für uns wichtig?

Service, Qualität, Ehrlichkeit, Vertrauen, Offenheit, Toleranz, Zuverlässigkeit, Kundenorientierung, Freundlichkeit, Erfolg.

Über ein Viertel aller Beschäftigten von KEMPER SYSTEM sind im direkten oder indirekten Servicebereich tätig. Alle Mitarbeiter verstehen sich als Dienstleister für unsere Kunden.

Qualität im ganzheitlichen Sinn durchdringt in zunehmendem Maße das gesamte Unternehmen und bestimmt das Handeln jedes Mitarbeiters. Uns allen ist bewusst, dass hohe Qualität nur durch systematische und kontinuierliche Verbesserungsprozesse zu erhalten und weiterzuentwickeln ist.

KEMPER SYSTEM hat seinen Firmensitz in einem Wohngebiet und grenzt an einem Erholungspark.

KEMPER SYSTEM stellt chemische Produkte her, von denen Beeinträchtigungen für Mensch und Umwelt ausgehen könnten. Nur Offenheit und Ehrlichkeit haben uns das Vertrauen gebracht, das KEMPER SYSTEM bei seinen Nachbarn genießt. Mit Ehrlichkeit und Offenheit begegnet jeder Mitarbeiter seinen Kolleginnen und Kollegen. Einer vertraut dem anderen zum Wohle und Nutzen unserer Kunden, der Gesellschaft und der Firmengemeinschaft.

Toleranz gegenüber anderen Menschen und verschiedensten Kulturen ist unerlässlich auf dem Weg zur weltweiten Präsenz. Tolerant sind wir alle, auch im Umgang miteinander. Wir tolerieren die Meinung der anderen.

Niedrigste Reklamationsquoten, pünktliche Lieferungen, prompte Erledigung aller Arbeiten. Dies und anderes mehr sind Zeichen unserer Zuverlässigkeit. Jeder, der mit KEMPER SYSTEM zu tun hat, ob Kunde, Lieferant, Gesellschaft oder der einzelne Mitarbeiter, alle wissen, dass sie sich auf KEMPER SYSTEM und seine Mitarbeiter verlassen können. Die Bedürfnisse des Kunden sind der alleinige Massstab für ganzheitliche Qualität – nicht die Interessen einzelner Abteilungen oder Mitarbeiter. Wir orientieren unsere Arbeit an der Zufriedenheit unserer Kunden.

Eine freundliche Stimme, ein freundliches Gesicht zeigen unseren Kunden und uns allen: Wir sind für Sie da!

Nur erfolgreiche Firmen können Mehrwert bieten: einen überdurchschnittlichen Rohertrag für die Kunden, pünktlicher Zahler für die Lieferanten, Gutes tun für die Gesellschaft und langfristige Sicherung und Schaffung neuer Arbeitsplätze.

Welche Vision leitet unser tägliches Tun?

KEMPER SYSTEM – das weltweite Synonym für qualitativ hochwertige Abdichtungen und Beschichtungen.

Von einem kleinen regionalen Anbieter zu einem weltweit tätigen und akzeptierten Unternehmen – diese Vision leitet uns bei allem, was wir tun. Sie ist der Fixstern, an dem wir unsere großen Ziele, die wir anstreben, aufhängen.

Zusammenfassend nochmals im Überblick:

Vision
KEMPER SYSTEM – das weltweite Synonym für qualitativ hochwertige Abdichtungen und Beschichtungen.

Identität
Wir sind ein leistungsstarkes Unternehmen mit hochwertigen Produkten, eingebunden in eine schnell wachsende Gruppe auf dem Weg zur weltweiten Präsenz.

Werte
Service, Qualität, Ehrlichkeit, Vertrauen, Offenheit, Toleranz, Zuverlässigkeit, Kundenorientierung, Freundlichkeit, Erfolg.

Glaubenssätze
Wir haben die besten Produkte. Wir lösen alle Probleme. Unsere Produkte werden weltweit gebraucht. Wir sind die Nummer eins!

Diese Unternehmensverfassung wird nur dann ein fester Bestandteil unserer Unternehmenskultur, wenn sie permanent und kontinuierlich kommuniziert wird. Wir werden Prozesse entwickeln und organisatorische Strukturen schaffen, die sicherstellen, dass diese Unternehmensverfassung gelebt wird – der Erfolg kommt dann ganz von allein!

Würfel

Den erwähnten Würfel, der auf den Schreibtischen bei Kemper steht, sehen Sie oben. Erstellt eine einfache und wirkungsvolle Art dar, die Vision, Identität und die Werte und Glaubenssätze in den Köpfen der Mitarbeiter präsent zu halten.

Durch die Erarbeitung und breite Kommunikation der Unternehmenspyramide beziehungsweise Unternehmensverfassung hat sich das Unternehmen weiter verbessert. Die Führungskräfte und Mitarbeiter ziehen mehr an einem Strang. Diese positive Entwicklung zeigt sich auch bei den Zahlen.

Am 20. März 2002 beantwortete die Geschäftsführung freundlicherweise einige Fragen zur Arbeit mit der Unternehmenspyramide bei Kemper System:

Was waren die wichtigsten Erkenntnisse, die Ihnen und Ihrem Unternehmen die Arbeit mit der Unternehmenspyramide gebracht hat?

Die Arbeit mit der Unternehmenspyramide erforderte eine intensive Beschäftigung (im Team) mit dem eigenen Unternehmen. Sich Stärken und Schwächen bewusst zu machen, das Definieren und Beschreiben dessen, was man tut, wer man ist, was man plant, wo man hinmöchte.

Eine interessante Erkenntnis war die Erfahrung, dass die Meinung des Mitarbeiterteams über das eigene Unternehmen in großen Bereichen deckungsgleich war, aber die Diskussion auch unterschiedliche Betrachtungsweisen zutage förderte, die für das weitere Arbeiten sehr hilfreich und förderlich waren.

Welche praktischen Ergebnisse haben Sie erzielt?

Wir haben in einem größeren Team von Mitarbeitern unsere Unternehmensverfassung gemeinsam erarbeitet. Jeder Mitarbeiter konnte sich mit eigenen Vorschlägen, Ergänzungen, Änderungen wiederfinden. Alle Anregungen wurden aufgegriffen, ZIELE und VISIONEN wurden gemeinsam festgelegt. Die Unternehmensverfassung, wie wir die Unternehmenspyramide nennen, hängt heute in allen Büros, steht auf allen Schreibtischen und wird regelmäßig auf Betriebsversammlungen und bei sonstigen Gelegenheiten kommuniziert. Alle Mitarbeiter haben heute ein umfassenderes, detaillierteres Bild von ihrem eigenen Unternehmen, was sie nach außen tragen können.

Wie nützlich war die Arbeit mit der Unternehmenspyramide für Sie und Ihr Unternehmen?

Die Arbeit war – wie schon erwähnt – für unser Unternehmen äußerst nützlich, weil durch die Beschäftigung mit vorhandenen Schwächen, deren Erkennung, der kontinuierlichen und konsequenten Verbesserung interner Arbeitsabläufe und Verhaltensweisen die Schwächen zu Stärken umgewandelt werden konnten.

Andererseits war es wichtig, die eigenen Stärken zu erkennen und diese ganz bewusst in die Zielplanung miteinfließen zu lassen. Aus der Erkenntnis, wer wir sind und wo wir hinwollen, sind langfristige Strategieplanungen entstanden, einmal in der Internationalisierung, zum anderen in einer groß angelegten Neukundengewinnungskampagne in Deutschland.

Die gedruckte Unternehmensverfassung hilft aber auch bei Gesprächen mit Kunden und Lieferanten, bei Neueinstellungen oder in Gesprächskreisen, die mit unserem Unternehmen zu tun haben. Mit der ausformulierten Unternehmenspyramide (Unternehmensverfassung) ist es heute leichter zu erklären, wer Kemper System ist und wofür es steht.

Wem würden Sie die Strategiearbeit mit der Unternehmenspyramide empfehlen?

Wir würden allen kleinen und mittleren Unternehmen empfehlen, sich mit der Unternehmenspyramide zu beschäftigen. Das gemeinsame Arbeiten damit bringt eine Fülle von Informationen und Innovationen, das heißt mittel- und langfristige Ziele. Aus unserer Sicht könnte man aber auch die Arbeit mit der Unternehmenspyramide herunterbrechen auf eine Persönlichkeitspyramide, um für sich selbst eine private und berufliche Lebenszielplanung zu erstellen.

Unternehmenspyramide
der Finanzdirektion Zürich

Hier finden Sie nun das Praxisbeispiel aus einer Verwaltung. Diese Strategieentwicklung mit der Unternehmenspyramide ist im Januar 2000 von Regierungsrat Dr. Christian Huber, Finanzdirektor, und den Führungskräften der Finanzdirektion (FD) in einem Workshop durchgeführt worden. Die eigentliche Erarbeitung und Präsentation wurde, wie in einem Kurzworkshop zur gegenseitigen Information, zeitlich sehr knapp gehalten. Erst in einer weiteren Veranstaltung konnte intensiver auf die Umsetzung und mögliche Verbesserungen eingegangen werden.

Zum Zeitpunkt der Erstellung der Unternehmenspyramide war Dr. Christian Huber erst wenige Monate im Amt. Er nutzte die Möglichkeit, den Leitungsebenen seine Ideen und Konzepte zu übermitteln beziehungsweise seine Wertvorstellungen zu präsentieren, was von den Amtschefs mit großem Interesse aufgenommen wurde. Auf diese Weise konnte rasch eine gute Basis für die zukünftige Zusammenarbeit hergestellt werden.

In der Folgezeit haben die Amtschefs der Finanzdirektion die Unternehmenspyramide in Workshops häufig mit ihren Teams verwendet.

Vision

Es ist der Traum jedes anständigen Menschen, im Kanton ZH zu
leben, wohnen und arbeiten, ob Unternehmer, Familie oder Einzelperson.

Identität

FD ist ein Kompetenzentrum für Beschaffung, Steuerung, Anlage und Allokation von öffentlichen
Geldern. Wir sind die Führenden in der Entwicklung und Umsetzung von Instrumenten für den ökonomischen und nachhaltigen Umgang mit den Ressourcen Personal und Geld.

Werte

Gemeinschaft, Gemeinsinn, Kompetenz, Standfestigkeit, Vorbildfunktion, Teamwork,
Begeisterung, Zuverlässigkeit, Integrität, Motivation, Unbeirrbarkeit, Einsatzbereitschaft,
Innovation, Effektivität, Erfolg, Leistung, Kritikfähigkeit.

Glaubenssätze

Mit einem motivierten und kompetenten Team erreichen wir jedes Ziel.
Widerstände und Rückschläge sind der Turbo für unsere Motivation.

Strategische Ziele

Ausgeglichener Staatshaushalt, vorbildlicher und kostengünstiger Service Public,
niedrige Staatsquote, attraktiver Arbeitgeber, Bester Wirtschaftsstandort von Europa.

Ziele

Selbstfinanzierungsgrad in der nächsten Steuerperiode 100%, ausgeglichene Rechnung 2000,
Ertragsüberschüsse ab VA 2001, in der nächsten Steuerperiode 10% Überschüsse,
2003 Aufwand Kernverwaltung um 10% reduziert, zufriedene Mitarbeiter (besser als letzte Umfrage),
Schaffung einer Corporate Identity.

Fähigkeiten

Motivierende, überzeugungsfähige, flexible Vorgesetzte, kompetentes und leistungfähiges Finanz-,
Personal- und Informatik-Controlling, Aus- und Weiterbildung für alle Stufen, leistungsfähige und
abgesicherte Altersvorsorge, speditive, kundenfreundliche und kostengünstige Erhebung der Steuern.

Pyramide des Kantons Zürich

Für den besseren inhaltlichen Überblick folgt auf den nächsten Seiten
das reine Textformat.

Unternehmenspyramide der Finanzdirektion Zürich

Vision
Es ist der Traum jedes Menschen, im Kanton Zürich zu leben, wohnen und arbeiten, ob Unternehmer, Familie oder Einzelperson.

Identität
Die Finanzdirektion (FD) ist ein Kompetenzzentrum für Beschaffung, Steuerung, Anlage und Allokation von öffentlichen Geldern.

Wir sind die Führenden in der Entwicklung und Umsetzung von Instrumenten für den ökonomischen und nachhaltigen Umgang mit den Ressourcen Personal und Geld.

Werte
Gemeinschaft, Gemeinsinn, Kompetenz, Standfestigkeit, Vorbildfunktion, Teamwork, Begeisterung, Zuverlässigkeit, Integrität, Motivation, Unbeirrbarkeit, Einsatzbereitschaft, Innovation, Effektivität, Erfolg, Leistung, Kritikfähigkeit.

Glaubenssätze
Mit einem motivierten und kompetenten Team erreichen wir jedes Ziel. Widerstände und Rückschläge sind der Turbo für unsere Motivation.

Strategische Ziele
- Ausgeglichener Staatshaushalt
- Vorbildlicher und kostengünstiger Service public
- Niedrige Staatsquote
- Attraktiver Arbeitgeber
- Bester Wirtschaftsstandort von Europa

Ziele

- Selbstfinanzierungsgrad in der nächsten Steuerperiode 100 Prozent
- Ausgeglichene Rechnung 2000
- Ertragsüberschüsse ab VA 2001
- In der nächsten Steuerperiode 10 Prozent Überschüsse
- 2003 Aufwand Kernverwaltung um 10 Prozent reduziert
- Zufriedene Mitarbeiter (besser als letzte Umfrage)
- Schaffung einer Corporate Identity

Fähigkeiten

- Motivierende, überzeugungsfähige, flexible Vorgesetzte
- Kompetentes und leistungsfähiges Finanz-, Personal- und Informatik-Controlling
- Aus- und Weiterbildung für alle Stufen
- Leistungsfähige und abgesicherte Altersvorsorge
- Speditive, kundenfreundliche und kostengünstige Erhebung der Steuern

Am 20. März 2002 beantwortete D. Wettstein, der Generalsekretär der Finanzdirektion, Fragen zur Arbeit mit der Unternehmenspyramide bei der Finanzdirektion des Kantons Zürich.

Was waren die wichtigsten Erkenntnisse, die Ihnen und Ihrem Unternehmen die Arbeit mit der Unternehmenspyramide gebracht hat?

Wir haben unser Unternehmen immer als sehr heterogen betrachtet. Uns obliegen Aufgaben wie die Lieferung von Büromaterial über die Festlegung der Personalstrategie bis zur Veranlagung und zum Bezug von Steuern. Dass es trotz dieser Heterogenität gelungen ist, eine Unternehmenspyramide zu erstellen, in der sich sämtliche Ämter repräsentiert finden, hat uns erstaunt.

Welche praktischen Ergebnisse haben Sie erzielt?

Beflügelt durch das Erstellen der Unternehmenspyramide haben die Amtschefs die Erkenntnisse jeweils mit ihrem Kader diskutiert. In den meisten Amtsstellen wurden darauf Unternehmenspyramiden auf Amtsebene erstellt.

Wie nützlich war die Arbeit mit der Unternehmenspyramide für Sie und Ihr Unternehmen?

Der primäre Nutzen liegt in der gemeinsamen Erarbeitung der Unternehmenspyramide und der Erkenntnis, dass es – trotz unterschiedlichster Aufgaben – ein Unternehmen Finanzdirektion gibt und dass alle am selben Strick ziehen. Aus Gesprächen mit Amtschefs ist mir bekannt, dass die Unternehmenspyramide bei grundsätzlichen Entscheidungen gerne als Orientierungshilfe herangezogen wird.

Wem würden Sie die Strategiearbeit mit der Unternehmenspyramide empfehlen?

Heterogene Organisationseinheiten haben erfahrungsgemäß mit der Corporate Identity Mühe. Gerade hier kann die Erarbeitung einer Unternehmenspyramide einen wesentlichen Beitrag leisten.

Gerade weil die ursprüngliche Arbeitszeit mit der Unternehmenspyramide in diesem Beispiel besonders kurz war, erkennt man, wie schnell und einfach sie für die verschiedensten Anwender nützlich und produktiv sein kann.

Unternehmenspyramide einer Verwaltung

In der Direktion einer Schweizer Verwaltungsbehörde wurde die Unternehmenspyramide sehr intensiv genutzt. Deshalb lässt sich am Material des vorliegenden Beispiels erkennen, dass und wie die Unternehmenspyramide auch in größeren Organisationen und komplexeren Zusammenhängen hervorragend eingesetzt werden kann.

Während, zwischen und nach den Erarbeitungen an den insgesamt drei Klausurtagungen wurden die Inhalte intensiv diskutiert. Dadurch wurde eine stärkere Zusammenarbeit und ein gegenseitiges Verständnis zwischen den eigenständigen und heterogenen Ämtern der Direktion gefördert. Dies war nützlich, da es ein besonderes Anliegen in dieser Direktion war, dass sich alle beteiligten Ämter als ein Unternehmen verstehen können und sollen.

Als nächste Schritte in der Nutzung der Unternehmenspyramide sind Workshops mit Führungskräften der Ämter sowie danach mit allen Mitarbeitern geplant. Dieses Vorgehen verstärkt ebenfalls das unternehmerische Denken in der gesamten Direktion.

Die Inhalte dieses Beispiels sind anonymisiert.

Unternehmen *Direktion (Unternehmenspyramide) Version II (Fassung gemäß 2. Klausurtag)

Vision	Der Kanton ist für Bevölkerung und Wirtschaft ein nachhaltig attraktiver Standort.
Identität	Wir engagieren uns für eine intakte Umwelt, eine weitsichtige Raumordnung und eine hoch stehende Infrastruktur. Wir sind e i n Unternehmen. Wir sind kompetente, zuverlässige und konkurrenzfähige Partner in all unseren Leistungen. Wir setzen öffentliche Interessen durch.

Werte	Vertrauen und Offenheit
	Fairness und Transparenz
	Kompetenz und Innovation
	Leistungsbereitschaft und Eigenverantwortung
	Kundenorientierung und Vorbildfunktion
	Vernetzung und Koordination
	Nachhaltigkeit und Resultatorientierung
	Wahrheit, Vollständigkeit, Rechtzeitigkeit

Glaubenssätze	1. Wir sind das Unternehmen *Direktion.
	2. Wir sind stolz auf unser Unternehmen.
	3. Umwelt, Raumordnung und Infrastruktur sind unsere Kernkompetenzen.
	4. Wir stellen hohe Ansprüche an uns selbst.
	5. Gemeinsam erzielen wir die besten Resultate.
	6. Einfaches lösen wir einfach.
	7. Überzeugen geht vor anordnen.
	8. Wir schaffen Vertrauen durch vollständige, offene und rechtzeitige Information.
	9. Wir lernen aus Fehlern und Kritik.

Version II (Fassung gemäss 2. Klausurtag)

Handlungsfeld Umwelt, Raumordnung, Infrastruktur: Strategische Ziele (ausgewählte Beispiele)	Umsetzungsmaßnahmen (ausgewählte Beispiele)
Ganzheitlicher, vernetzter (nicht sektioneller) Umweltschutz	Erarbeitung eines Maßnahmenplans Umwelt bis ...

78

Positionsbezug des Unternehmens *Direktion zum Thema «Nachhaltigkeit» bis zum Jahr 2002	Entwicklung eines Konzepts Nachhaltigkeit (materielle Ziele, Strukturen etc.) für das Unternehmen *Direktion bis 2002
Schaffen von Entwicklungschancen für Belastungsräume	Erarbeitung einer Entwicklungsplanung *Tal bis xx
Verständliches, schlankes und bewirtschaftbares neues Planungs- und Baugesetz; Vorlage des Regierungsrats an den Kantonsrat bis Ende 2002	Ausarbeitung einer entsprechenden Gesetzesvorlage bis 2002
Sicherstellung der straßengebundenen Mobilität (inkl. Finanzierung)	• Strategie Hochleistungsstraßen und Strategie Hauptverkehrsstraßen, Lückenschließung Autobahnen, Prioritätenliste Ortsumfahrungen • Integriertes Verkehrsmanagement • Konzept «Langfristige Finanzierung der straßen gebundenen Mobilität»
Kontinuierliche Förderung einer nachhaltigen Baukultur	• Ausrichtung eines Architekturpreises / einer Stiftung zur Auszeichnung guter Bauten im Kanton • Schaffung von Labels und «Markteinführung» derselben

Handlungsfeld Gemeinschaft *Direktion Strategische Ziele (ausgewählte Beispiele)	Umsetzungsmaßnahmen (ausgewählte Beispiele)
Der Gedanke «Unternehmen *Direktion» lebt auf allen Ebenen der *Direktion.	• Die Vorgesetzten fördern durch ihr Vorbild/Verhalten das vernetzte, über die eigene Sektion/Abteilung bzw. das eigene Amt hinausgehende Denken und Handeln sowie die Loyalität gegenüber dem Unternehmen *Direktion; sie schaffen ein Klima des Respekts und der Offenheit gegenüber den Mitarbeiterinnen und Mitarbeitern aus anderen Organisationseinheiten der *Direktion. Einrichtung des D-Treffs weiter pflegen. • Fortführung / Intensivierung Kader-Treff • In Ergänzung der Aktivitäten der Ämter / des Generalsekretariats findet einmal pro Legislatur ein *direktionsweiter Anlass für alle Mitarbeiterinnen und Mitarbeiter des Unternehmens statt. • Amtsübergreifende Kontakte fördern (zum Beispiel gegenseitige Einladungen zu Amtsveranstaltungen oder zu Einweihungen, Vernissagen etc., gemeinsame Anlässe) • Begegnungsräume in den D-Gebäuden (Cafeteria etc.) schaffen • Zeitfenster für Begegnungen schaffen (Führungsaufgabe) • Erfolge – wo immer möglich – gemeinsam feiern
Das Unternehmen *Direktion verfügt über eine griffige, zielgerichtete Personal-	• Erarbeitung eines personalpolitischen Konzepts (inkl. unternehmensweit gültiger personalpolitischer Grundsätze); Verabschiedung desselben durch die Geschäftsleitung bis Ende 2002

politik. Sie trägt dazu bei, dass die *Direktion eine attraktive Arbeitgeberin ist, und unterstützt die Zielerreichung des Unternehmens und die Gestaltung der Unternehmenskultur.	• Auf der operativen Ebene unternehmensweit gültige Standards im Personalwesen festlegen • Schrittweiser Ausbau der Mitarbeiterförderung *direktionsbezogene Führungsausbildung, Nachwuchspool, spezifische Laufbahnplanungen, attraktive Arbeitsplätze etc.)
Förderung der Feedback-Kultur	• Kader betreffend Feedback-Kultur fit machen (Aus-/Weiterbildung) • Feedback-Kultur in den Ämtern zu einem Schwerpunktthema der Kulturentwicklung machen • Vorgesetzte ermutigen Mitarbeitende zu Feedback und geben ihnen Rückhalt bei Feedback
Handlungsfeld Qualität: Strategische Ziele (ausgewählte Beispiele)	**Umsetzungsmaßnahmen (ausgewählte Beispiele)**
Das interdisziplinäre Denken und Handeln wird verstärkt.	• Vernetzungen im Alltag ausbauen: Die Vorgesetzten fördern durch ihr Vorbild/Verhalten das vernetzte, über die eigene Sektion/Abteilung bzw. das eigene Amt hinausgehende Denken und Handeln. • Neue Pläne, Konzepte etc. werden in Bezug auf Wirtschaftlichkeit, Sozial- und Umweltverträglichkeit amtsübergreifend abgestimmt.
Die fachliche und persönliche Aus- und Weiterbildung (A+W) der Mitarbeiterinnen und Mit-	• Anlässlich der mindestens zweijährlich stattfindenden Mitarbeiterbeurteilung (MAB) ist das Thema A+W mit jedem Mitarbeitenden zu behandeln, und es sind die erforderlichen Aus- und Weiterbildungen zu vereinbaren.

arbeiter wird verstärkt.	• Pilotversuch: Entwicklung eines Instruments, mit welchem anlässlich der MAB auf einfache, zielführende Weise die A+W-Bedürfnisse aus Sicht der Mitarbeitenden und aus Sicht des Unternehmens *Direktion ermittelt werden können
In Abstimmung mit den Entwicklungsschwerpunkten der Holding und dem Finanzplan wird eine Unternehmensplanung *Direktion aufgebaut.	
Es wird mehr Freiraum für die Führung geschaffen.	• Innerhalb des Kaders der *Direktion kurze Wege gehen • Vorarbeiten eines Amts für ein anderes vollständig, aussagekräftig und adressatengerecht vornehmen • Unternehmensinterne Zuständigkeiten und Prozessabläufe beachten • Bei Bedarf Anpassung von Zuständigkeiten (vermehrte Delegation) und von Prozessen (Vereinfachung derselben) • Förderung der Eigenverantwortung / Gewährung grösserer Freiräume und von mehr Kompetenzen durch die Vorgesetzten
Es werden Qualitätsstandards für das Unternehmen *Direktion erarbeitet und eingeführt (in Abstimmung mit allfälligen Zer-	• Es wird bis Ende 2002 ein Konzept für ein Qualitätsmanagement-System erarbeitet. • Es wird bis Ende 2003 ein Benchmarking-Konzept erarbeitet.

tifizierungen bzw.
für den Fall, dass
keine weitrei-
chenden Zertifi-
zierungen vorge-
nommen werden).

Professionalisie-rung des Finanz- und Rechnungs-wesens des Unter-nehmens *Direktion	• Konsolidierung SAP

Handlungsfeld Kommunikation: Strategische Ziele (ausgewählte Beispiele)	Umsetzungsmaßnahmen (ausgewählte Beispiele)
Die Kommunika-tion über die Ziele und Leistungen des Unternehmens *Direktion wird nach innen und außen professionalisiert und intensiviert.	• Neues Kommunikationskonzept erstellen – Kom-munikationsarbeit materiell und strukturell festle-gen; daraus eine griffige, alltagstaugliche Anlei-tung für alle machen • Neues Kommunikationsteam aufbauen; Kommuni-kationskonzept schrittweise umsetzen • Die Kommunikation zentral steuern • Die Unterstützung der Ämter entscheidend verbes-sern • Medienanlaufstelle im neuen Kommunikationsteam einrichten • Internet-Auftritt weiterentwickeln; E-Government mittelfristig aufbauen • Gemeinsame Botschaften entwickeln und verbreiten • Intranet aufbauen

Fragen und Antworten zur Arbeit mit der Unternehmenspyramide in dieser Verwaltung:

Was waren die wichtigsten Erkenntnisse, die Ihnen und Ihrem Unternehmen die Arbeit mit der Unternehmenspyramide gebracht hat?

Jede Unternehmung hat eine Kultur; eine bestimmte Unternehmenskultur entsteht aber nur durch bewusstes Arbeiten daran. – Der Weg (über die Unternehmenspyramide) ist ein Stück weit auch das Ziel (hier finden wichtige Prozesse statt).

Die Unternehmenskultur ist sehr vielschichtig; die einzelnen Ebenen der Pyramide nehmen dies gut auf.

Die Erarbeitung der Pyramide beziehungsweise die (ausgefüllte) Pyramide liefert die Basis für die schrittweise Implementierung der (theoretischen) Inhalte in den Unternehmensalltag (zum Beispiel über Vertiefungs-Workshops mit den Kadern oder über Workshops auf Ebene Mitarbeitende).

Welche praktischen Ergebnisse haben Sie erzielt?

Es wurde erstmals in der Unternehmensgeschichte eine Vision erarbeitet.

Die Identität des (heterogenen) Unternehmens konnte herausgearbeitet werden.

Es konnte eine Wertediskussion geführt werden (bzw. man ist daran, sie zu führen).

Man ist daran, das Personalwesen neu auszurichten (werteorientiertes Human Resource).

Das Kader konnte über die einzelnen Unternehmensteile (Ämter) hinaus auf Stufe Gesamtunternehmen vernetzt werden.

All dies stärkt das Unternehmen und hilft mit, die vielfältigen Potenziale noch besser zu nutzen.

Wie nützlich war die Arbeit mit der Unternehmenspyramide für Sie und Ihr Unternehmen?

Es erfolgte und erfolgt eine strukturierte Auseinandersetzung (insbesondere der Kader) mit dem Unternehmen auf verschiedenen Ebenen (VISION, IDENTITÄT, WERTE etc.); der Weg ist hier – wie bereits gesagt – ein Stück weit das Ziel.

Die Auseinandersetzung darüber, was man ist und wohin man will, stärkt das Kader und die Unternehmung als Ganzes.

Die Ausrichtung aller Unternehmensteile auf eine gemeinsame VISION schafft IDENTITÄT; IDENTITÄT ihrerseits gibt der Unternehmung gegen innen und außen ein Profil und macht sie so erkennbar und greifbar. Das fördert innerhalb des Unternehmens insbesondere die Identifikation der Mitarbeitenden mit dem Unternehmen, was wiederum dazu führt, dass die Dienstleistungsqualität steigt. Gegen außen schafft dies Vertrauen und ein gutes Image.

Wem würden Sie die Strategiearbeit mit der Unternehmenspyramide empfehlen?

Wir maßen uns nicht an, jemandem die Strategiearbeit zu empfehlen; ob eine Unternehmung diese Prozesse an die Hand nehmen will, muss sie selbst entscheiden. Dies gilt auch für die Instrumente, welche sie dabei einsetzen will.

Zwei Beispiele aus Bereichen einer Schweizer Großbank

Die nächsten Beispiele stammen nicht aus einer Verwaltung oder einem mittelständischen Unternehmen, sondern aus einer Schweizer Großbank. Wie bereits weiter oben erwähnt, kann man die Unternehmenspyramide auch zur Erarbeitung und Darstellung von Strategien einzelner Bereiche von Unternehmen benutzen.

Außerdem sind diese Beispiele deshalb interessant, weil sie noch ganz «frisch» sind, das heißt, sie wurden erst vor wenigen Wochen erarbeitet. So sind sie sehr aktuell. Teilweise sind sie sogar noch in der Entwicklung, und die einzelnen Stufen des Zustandekommens sind ersichtlich.

Unternehmenspyramide: CRC Zürich & CRC PB Hypotheken

Das erste Beispiel auf Seite 87 wurde von Martin Vogel, Leitung CRC Zürich & CRC PB Hypotheken, entwickelt und zur Verfügung gestellt.

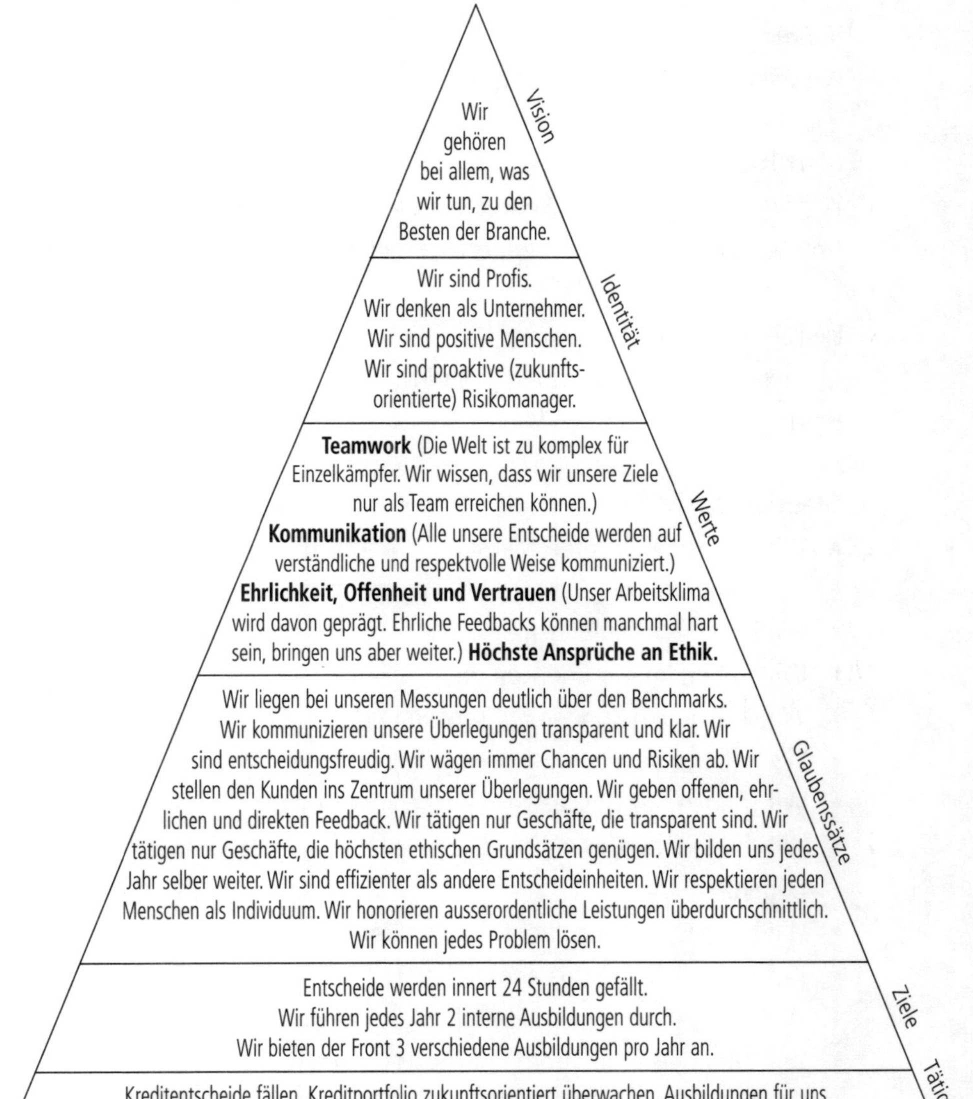
Vision
Wir gehören bei allem, was wir tun, zu den Besten der Branche.
Identität
Wir sind Profis.
Wir denken als Unternehmer.
Wir sind positive Menschen.
Wir sind proaktive (zukunfts-orientierte) Risikomanager.
Werte
Teamwork (Die Welt ist zu komplex für Einzelkämpfer. Wir wissen, dass wir unsere Ziele nur als Team erreichen können.)
Kommunikation (Alle unsere Entscheide werden auf verständliche und respektvolle Weise kommuniziert.)
Ehrlichkeit, Offenheit und Vertrauen (Unser Arbeitsklima wird davon geprägt. Ehrliche Feedbacks können manchmal hart sein, bringen uns aber weiter.) **Höchste Ansprüche an Ethik.**
Glaubenssätze
Wir liegen bei unseren Messungen deutlich über den Benchmarks. Wir kommunizieren unsere Überlegungen transparent und klar. Wir sind entscheidungsfreudig. Wir wägen immer Chancen und Risiken ab. Wir stellen den Kunden ins Zentrum unserer Überlegungen. Wir geben offenen, ehrlichen und direkten Feedback. Wir tätigen nur Geschäfte, die transparent sind. Wir tätigen nur Geschäfte, die höchsten ethischen Grundsätzen genügen. Wir bilden uns jedes Jahr selber weiter. Wir sind effizienter als andere Entscheideinheiten. Wir respektieren jeden Menschen als Individuum. Wir honorieren ausserordentliche Leistungen überdurchschnittlich. Wir können jedes Problem lösen.
Ziele
Entscheide werden innert 24 Stunden gefällt.
Wir führen jedes Jahr 2 interne Ausbildungen durch.
Wir bieten der Front 3 verschiedene Ausbildungen pro Jahr an.
Tätigkeiten
Kreditentscheide fällen. Kreditportfolio zukunftsorientiert überwachen. Ausbildungen für uns und die Front entwickeln. Kreditprozesse und Entscheidungscoringmodelle weiterentwickeln.

Unternehmenspyramide: CRC Zürich & CRC PB Hypotheken

Vision

Wir gehören bei allem, was wir tun, zu den Besten der Branche.

Identität

Wir sind Profis. Wir sind Unternehmer. Wir sind positive Menschen. Wir sind proaktive (zukunftsorientierte) Risikomanager.

Werte

Teamwork – Kommunikation – Ehrlichkeit – Offenheit – Vertrauen – Ethik.

Glaubenssätze

- Wir liegen bei unseren Messungen deutlich über den Benchmarks.
- Wir kommunizieren unsere Überlegungen transparent und klar.
- Wir sind entscheidungsfreudig.
- Wir wägen immer Chancen und Risiken ab.
- Wir stellen den Kunden ins Zentrum unserer Überlegungen.
- Wir geben offenen, ehrlichen und direkten Feedback.
- Wir tätigen nur Geschäfte, die transparent sind.
- Wir tätigen nur Geschäfte, die höchsten ethischen Grundsätzen genügen.
- Wir bilden uns jedes Jahr selber weiter.
- Wir sind effizienter als andere Entscheideinheiten.
- Wir respektieren jeden Menschen als Individuum.
- Wir honorieren außerordentliche Leistungen überdurchschnittlich.
- Wir können jedes Problem lösen.

Ziele
- Entscheide werden innert 24 Stunden gefällt.
- Wir führen jedes Jahr zwei interne Ausbildungen durch.
- Wir bieten der Front drei verschiedene Ausbildungen pro Jahr an.

Tätigkeiten
- Kreditentscheide fällen
- Kreditportfolio zukunftsorientiert überwachen
- Ausbildungen für uns und die Front entwickeln
- Kreditprozesse und Entscheidungscoringmodelle weiterentwickeln

Folgende Fragen wurden vom Leiter des Teams, Martin Vogel, beantwortet. Auch in diesem Beispiel ist die Zeitspanne, seit mit der Pyramide gearbeitet wird, noch kurz. Gleichwohl haben sich bereits positive Effekte gezeigt.

Was waren die wichtigsten Erkenntnisse, die Ihnen und Ihrem Unternehmen die Arbeit mit der Unternehmenspyramide gebracht haben?
Es hilft den MitarbeiterInnen, ein gemeinsames Selbstverständnis als Basis zu haben. Wichtig ist, dass man diese Inhalte im Alltag vorlebt und alle Handlungen an der Pyramide misst.

Welche praktischen Ergebnisse haben Sie erzielt?
Die Einführung ist generell sehr gut angekommen. Oft wird die Verträglichkeit von konkreten Handlungen mit den Zielen der Pyramide durch die Mitarbeiter gecheckt. Dies zwingt jeden zur Einhaltung der hoch gesteckten Ambitionen. Schnell stellen sich bei der Einhaltung auch konkrete Erfolge ein.

Wie nützlich war die Arbeit mit der Unternehmenspyramide für Sie und Ihr Unternehmen?

Insbesondere bei der Fusion war dieser «gemeinsame Schirm» ein willkommenes Tool, um die Art der Zusammenarbeit, die gemeinsamen WERTE und die Qualitätsansprüche festzulegen.

Wem würden Sie die Strategiearbeit mit der Unternehmenspyramide empfehlen?

Jedem, der daran glaubt, dass gemeinsame Ziele und Werte wichtig sind!

Eine Unternehmenspyramide aus dem Private Banking

Die Arbeit an der Unternehmenspyramide bei folgendem Beispiel ist noch nicht beendet. Es werden zur Zeit dieser Niederschrift kurze Workshops abgehalten, um die Pyramiden der einzelnen Teammitglieder zu erstellen. Konsequent wird also der Weg beschritten, aus dem persönlichen Selbstbild und der persönlichen Beobachtung des Umfeldes Perspektiven des Teams zu entwickeln.

Diese erste, jetzt vorliegende Pyramide wurde vom Leiter des Teams in einem Fortbildungsseminar verfasst und dient als Beispiel und Diskussionsgrundlage für die weiteren Erarbeitungen des Gesamtteams.

Sie ist als Vorlage kurz und knapp gehalten und fußt auf einer Powerpoint-Präsentation.

Vision
Alle vermögenden Einwohner im Distributionsgebiet wollen durch Team X betreut werden.

Identität

- Partner
- Berater
- Betreuer
- Freund
- Roter Faden zwischen Generationen
- Seelsorger

Werte

- Erfolg, Erfolg, Erfolg
- Ergebnis
- Freude
- Ethik
- Erreichbarkeit
- Transparenz

Glaubenssätze

- Der Kunde ist mein Partner.
- Der Kunde finanziert meine Compensation.
- Der/Die BeraterIn ist zu jeder Zeit an jedem Ort verfügbar.
- Das private Umfeld des Kunden kenne ich persönlich.
- Alle Anfragen finden eine Lösung.
- Die Betreuung hat einen Preis.

Strategische Ziele

Team X ist unter Top 3 aller Teams innerhalb der Distributionseinheit.

Jahresziele

Individuelle Zielvereinbarungen im Sinne von Verkaufszahlen und Ausbildungszielen für die Planung der Zielerreichungsmaßnahmen.

Tägliche Aktionen

- Soll
  höchste Verkaufsergebnisse
  höchste Aktivität aller Verkäufer
  höchster Return on Assets
  Dedication und Beruf als Berufung
- Ist
  + optimale Teamstruktur (Alter; weiblich / männlich)
  - Raumverhältnisse
  - Betreuungsspannen
  - Kontaktplanung
  - Arbeitszeiten
  - Kommunikation im Team (Offenheit, Hilfsbereitschaft, mentale Ausrichtung)

Obwohl die Zeitspanne, seit diese Pyramide erarbeitet wurde, noch sehr kurz ist, hat der Leiter dieses Teams aus dem Private Banking einige Antworten gegeben:

Was waren die wichtigsten Erkenntnisse, die Ihnen und Ihrem Unternehmen die Arbeit mit der Unternehmenspyramide gebracht haben?

Die Anwendung der Unternehmenspyramide ermöglichte es, Defizite glasklar herauszuschälen. In einer effektiven Art und Weise konnten sehr rasch Ist- und Sollwerte festgelegt werden.

Die vorgestellte Struktur diente dabei als roter Faden in verschiedenen Workshops.

Welche praktischen Ergebnisse haben Sie erzielt?

Es ist zudem gelungen, aus dem Stand heraus mittels Einstieg über eine eingehende Wertediskussion innerhalb des Teams eine völlig neue

Kommunikationskultur zu erleben und diese über das Team hinaus ins private Umfeld hineinzutragen. Ein echtes Erlebnis!

Wie nützlich war die Arbeit mit der Unternehmenspyramide für Sie und Ihr Unternehmen?

Die Unternehmenspyramide als System hat mich überzeugt. Die bisher erzielten Ergebnisse haben mich begeistert.

Wem würden Sie die Strategiearbeit mit der Unternehmenspyramide empfehlen?

Grundsätzlich empfehle ich KollegInnen auf allen Führungsebenen und dazu jedermann privat, anhand der «Pyramide» Standortbestimmungen vorzunehmen, gewünschte Veränderungen zu definieren, um diese im Anschluss daran umzusetzen.

Die Pyramide ist ein Werkzeug für Praktiker!

Kapitel III

How to do – Führungsworkshops mit der Unternehmenspyramide

Allgemeine Arbeitsweisen

Die Vorbereitung

Die Erarbeitung einer Unternehmenspyramide findet in der Regel in einem Workshop mit einem Trainer beziehungsweise Moderator statt. Diese Veranstaltung wird vorher mit der Geschäftsleitung oder der Leitung des Bereiches vorbereitet. Die wichtigsten sieben Punkte der Vorbereitung sind:

- der Blick auf die Situation des Unternehmens,
- die Ziele der Strategieerarbeitung,
- die Festlegung der Teilnehmer,
- die Auswahl des Workshop-Ortes,
- die Bereitstellung des Arbeitsmaterials,
- die Definition von Zeitrahmen und Termin und
- ein Ausblick auf die Verarbeitung und Nutzung der Ergebnisse.

Der Blick auf die Situation des Unternehmens

Dieser Ansatz kann verschiedene Themen und Fragen beinhalten. Befindet sich das Unternehmen gerade in, vor oder nach einer Veränderungsphase? Gibt es bereits eine Strategie und Leitsätze, und wie werden diese umgesetzt oder auch nicht? Gibt es größere oder wichtige Veränderungen bei den Mitarbeitern oder den Führungskräften? Wie alt ist das Unternehmen? Gibt es eine besondere Marktsituation? Wie erfolgreich ist das Unternehmen zurzeit? Und so weiter.

Die Ziele der Strategieerarbeitung

Diese Ziele können ebenfalls sehr vielfältig sein. Mögliche Punkte sind zum Beispiel: Erarbeitung von Strategie und Zielen zur Orientierung für die nächsten Jahre, Analyse der Ist-Situation und Verbesserungsvorschläge, Informationsaustausch zwischen verschiedenen Firmenbereichen, Verbesserung der Zusammenarbeit, Information von Mitarbeitern über die Strategie des neuen Chefs und umgekehrt, Schulung von Führungskräften, Integration von zugekauften Unternehmen, die Strategie für «alle» Mitarbeiter transparent machen, größere Ziele als bisher in Angriff nehmen, die Motivation im Unternehmen steigern usw.

Die Festlegung der Teilnehmer

Sie erfolgt in der Regel durch den Chef, einen Projektbeauftragten oder Abteilungsleiter, wie etwa den Fortbildungsverantwortlichen. Meist arbeiten die Führungskräfte von verschiedenen Bereichen oder Firmenteilen mit und sehr oft zudem ihr übergeordneter Chef oder der Inhaber. Gelegentlich, wenn es sich um eine Führungsschulung handelt, werden Führungskräfte oder ihr Nachwuchs aus unterschiedlichsten Bereichen, die nicht immer direkt zusammenarbeiten, eingeladen. Außerdem wäre es möglich, dass die Mitarbeiter eines Unternehmens die Pyramide für ihren individuellen Aufgabenbereich und Beitrag zu den Unternehmensaufgaben erarbeiten.

Die Auswahl des Workshop-Ortes

Das ist ein einfacher Punkt. Am besten wählt man ein Seminarhotel in ruhiger, angenehmer Umgebung mit einer die Kreativität fördernden Ausstattung. Außerdem ist es gut, wenn das Hotel so weit entfernt ist, dass die Teilnehmer abends dort bleiben und sich so gut auf die Workshop-Arbeit konzentrieren können. Bleibt man im oder in der Nähe des Unternehmens, gibt es mehr Ablenkungen durch das weiterlaufende Tagesgeschäft und Privates. Dies ist selbstverständlich nicht wünschenswert und sollte, so weit möglich, vermieden werden.

Die Bereitstellung des Arbeitsmaterials

Dies und/oder dessen Organisation übernimmt praktischerweise der Moderator im Auftrag des Unternehmens.

Die Definition von Zeitrahmen und Termin

Der Umfang wird unter den Beteiligten abgestimmt. In der Regel benötigen Sie anderthalb bis zwei Tage. Es kann aber auch «Mini-Workshops» von einer bis zwei Stunden geben. Die genauere Beschreibung dazu finden Sie im Abschnitt «Kurzworkshop zur gegenseitigen Information» (Seite 116).

Ein Ausblick auf die Verarbeitung und Nutzung der Ergebnisse

Ein Blick auf die Perspektiven ist ebenfalls bereits vor dem Workshop nützlich; zum einen, damit sich die Beteiligten ein Bild machen können, was nach der Erarbeitung wie veröffentlicht werden soll. Andererseits kann der Moderator die Qualität der sprachlichen Formulierungen, je nach geplanter Nutzung, steuern.

Material, Methodik und Inhalte eines Workshops

Nachdem der Workshop zur Entwicklung einer Unternehmenspyramide vorbereitet ist, muss das Arbeitsmaterial vorhanden sein.

In der Einladung, die meistens vorher an alle Teilnehmer verschickt wird, sollten die Teilnehmer über die Methodik, mit der im Workshop gearbeitet wird, informiert werden.

Ein allgemeiner Überblick über die Inhalte ist ebenfalls ein nützlicher Teil eines solchen Einladungsschreibens.

Im Folgenden werden alle Elemente aufgeführt, die in Strategie-Workshops mit der Unternehmenspyramide vorkommen können. Das heißt, dass in einem einzelnen Workshop selten alle unten genannten Materialien, Methoden und Inhalte vorkommen. Bei der eingehenderen Beschreibung der Workshop-Formate werden daher die dort adäquaten Elemente nochmals benannt.

Material
- Folie, Poster oder Power-Point-Präsentation von der Unternehmenspyramide
- A3-Kopien der Pyramide zum Ausfüllen
- Flipcharts mit Papier

- Pinnwände mit Papier
- Moderationskarten und Nadeln
- Folien
- Passende Stifte für die obigen Punkte
- Overhead-Projektor
- Laptops mit Beamer

Methodik
- Trainerpräsentation
- Fallbeispiele
- Einzel- und/oder Teamarbeit
- Team – Coaching
- Präsentation und Diskussion im Plenum
- Individuelle und gemeinsame Umsetzungsplanung

Inhalte
- Vorstellung der «Unternehmenspyramide»
- Erläuterung der Arbeitsweise
- Darstellung realer Beispiele
- Erarbeitung der «Unternehmenspyramide»
- Analyse, Diskussion und Optimierung der Ergebnisse
- Maßnahmenplanung für die Umsetzung der Erkenntnisse in die Praxis
- Erarbeitung der Endfassung

Der Einstieg in den Workshop

Zu Beginn eines Workshops mit der Unternehmenspyramide werden die Inhalte und der Zeitplan vorgestellt. Falls die *Teilnehmer* sich nicht alle kennen, sollten auch diese sich mit ihren jeweiligen Verantwortungsbereichen *vorstellen*.

Bei einem Workshop von zwei Tagen, der als Ziel unter anderem die Verbesserung der Zusammenarbeit und / oder die Motivation des Führungsteams hat, ist es empfehlenswert, vor der Arbeit mit der Pyramide ein *kurzes Kommunikationstraining* einzubauen. Dadurch lernen die Teilnehmer die Elemente exzellenter Kommunikation kennen und können diese Verbesserungen direkt in der Zusammenarbeit während des Workshops anwenden und ausprobieren. Dadurch verbessert sich die Kommunikation beispielhaft während dieser zwei gemeinsamen Tage. Die positive Wirkung hält, wenn auch in der Regel abgeschwächt, im zukünftigen Arbeitsalltag an.

Die *Vorstellung der Unternehmenspyramide* ist der nächste Schritt. Dazu wird eine Visualisierung der Pyramide gezeigt. Dann werden die Inhalte der einzelnen Ebenen beschrieben und erläutert sowie die Zusammenhänge und Abgrenzungen zwischen den Ebenen (vgl. dazu Kapitel I: «Die neun Bereiche der Unternehmenspyramide», Seite 29ff.). In dieser Phase spricht im Wesentlichen der Moderator und geht zügig auf Zwischenfragen ein.

Ein *Fallbeispiel* kann ebenfalls dargestellt werden. Einerseits muss dazu genug Zeit vorhanden sein. Zum Zweiten sollte das Beispielunternehmen nicht so nah mit dem aktuellen verwandt sein, dass einige Inhalte einfach übernommen werden. Das ist wichtig, um eine echte Bestandaufnahme von diesem Unternehmen zu erhalten und kein bequemes oder unkreatives Plagiat des Fallbeispiels.

Als ebenfalls optionale *Einstiegsübung* eignet sich eine Prozent-Einschätzung der einzelnen Ebenen. Sie beginnt mit der Frage: «Zu wie viel Prozent sind Sie, rein intuitiv oder vielleicht mit Zahlen belegt, mit den Themen der einzelnen Ebenen der Pyramide in Ihrem Bereich zufrieden?» Das lässt sich, wie wir sehen werden, nicht an allen Punkten machen, aber bei vielen Fragestellungen lässt sich an Prozent-Aussagen der Teilnehmer messen, inwieweit sie hinter den bislang entwickelten Statements stehen.

- Dabei sollten Sie mit der Ebene der UMGEBUNG beginnen. Hier empfehle ich folgende Regel für eine Prozent-Einschätzung als Grundlage: 100 Prozent Zufriedenheit sind dann vorhanden, wenn man das Gefühl hat, die ideale UMGEBUNG sei für dieses Unternehmen vorhanden. Das heißt, sämtliche Rahmenbedingungen (geografische Bedingungen, welche Mitarbeiter stehen dort zur Verfügung, wie ist das politische System, Lohnfragen, Wetterbedingungen und Räumlichkeiten etc.) seien ideal. Das wird wahrscheinlich kaum zu erreichen sein – wenn man jedoch sicher ist, dass keine bessere UMGEBUNG erreicht werden kann, setzt man gleichwohl 100 Prozent ein.

- Die nächste Frage wäre: Sind wir mit unserer TÄTIGKEIT zufrieden? Wird unsere TÄTIGKEIT von Kunden hoch geschätzt? Haben wir Untersuchungen gemacht, ob unsere TÄTIGKEITEN gut sind? Sind unsere Mitarbeiter zufrieden, und sind sie zufrieden mit den Aufgaben, die sie haben?

- Der nächste Bereich: Wie zufrieden sind wir mit unseren FÄHIGKEITEN? Sind alle FÄHIGKEITEN vorhanden, die wir benötigen, um unsere geschäftliche Tätigkeit ideal durchzuführen? Gibt es irgendwelche FÄHIGKEITEN, die brachliegen, die wir aber nutzen sollten? Eventuell sind hoch qualifizierte Mitarbeiter früher eingestellt worden, die heute durch «einfachere» ersetzt werden könnten oder deren FÄHIGKEITEN bei einer Expansion besser genutzt werden könnten.

- Die nächsten Fragen gelten den Zielen, und zwar zuerst den OPERATIVEN ZIELEN: Wenn sämtliche Ziele fixiert wären, wenn also eine große Anzahl von Zielen festgelegt würde, wenn diese Ziele schriftlich festgehalten wären, wenn die Zielerreichung sich im Zeitplan befände und wenn die Ziele schließlich auch erreicht würden – dann hätten wir zu 100 Prozent unsere Ziele erreicht. In diesem Fall kann man den höchsten Prozentsatz vergeben.

Bei den STRATEGISCHEN ZIELEN ist es etwas einfacher; hier stellt sich die Frage: Haben wir überhaupt positive STRATEGISCHE ZIELE? Und wenn ja: Haben wir STRATEGISCHE ZIELE, die sinnvoll im Zusammenhang mit den anderen Zielen stehen, und sind wir in etwa in der richtigen Richtung, um dies auch zu erreichen?

- 100 Prozent können bei den GLAUBENSSÄTZEN kaum vergeben werden, weil es in jedem Unternehmen negative GLAUBENSSÄTZE gibt. Also zeigt sich hier ein deutlicher Handlungsbedarf nur dann, wenn die Einschätzung der GLAUBENSSÄTZE relativ stark im niedrigen Bereich wäre. Bei nur 50 Prozent Einschätzung der GLAUBENSSÄTZE ist dringender Handlungsbedarf angesagt.

- Die Frage nach den WERTEN lautet: Existieren WERTE? Sind sie irgendwo festgehalten worden? Werden diese WERTE kommuniziert und werden diese WERTE auch gelebt?

- Im Bereich der IDENTITÄT wäre die Frage: Ist die IDENTITÄT, die vorhanden ist, eine gute IDENTITÄT? Ist es zum Beispiel günstig, eine internationale/nationale IDENTITÄT zu haben? Vor allem bei einem Firmenzukauf sollte die Frage der IDENTITÄT neu gestellt und eventuell überarbeitet werden, da es in der Regel lange dauert, bis unterschiedliche Firmenkulturen intern miteinander verschmolzen worden sind. Wenn hingegen ein Unternehmen schon lange in einem sehr guten geschäftlichen Rahmen existiert und sich seine IDENTITÄT daraus ableitet, dann könnte man mit der IDENTITÄT auch zu 100 Prozent zufrieden sein.

- Bei der VISION stellt sich die Frage: Haben wir eine VISION, die uns einerseits antreibt und andererseits so zu uns passt, dass sie uns nicht überfordert? Eine interessante Diskrepanz ergibt sich, wenn ein Großteil der Führungskräfte die positiven Ziele einer VISION akzeptiert, aber ein Teil der Mitarbeiter der Ansicht ist, dass diese VISION überhaupt nicht gelebt wird.

Die Unternehmenspyramide dient also dazu, sich mit Konzepten gedanklich auf relativ schnelle und lockere Art und Weise auseinander zu setzen. Zusammengefasst: In diesem ersten Durchgang der Diskussion werden Zufriedenheit respektive Zustimmung mit den einzelnen Positionen der Ebenen festgehalten. Außerdem werden Verständnisfragen beantwortet.

Hier noch einmal die Schritte des Einstiegs in den Workshop mit der Unternehmenspyramide in Stichworten. Einige Punkte werden sicher in jedem Workshop vorkommen, andere sind gute Ergänzungen und mit «optional» gekennzeichnet:

Die Vorstellung der Inhalte und des Zeitplans
- Die Vorstellung der Teilnehmer (optional)
- Ein kurzes Kommunikationstraining (optional)
- Die Vorstellung der Unternehmenspyramide und ihrer Ebenen
- Die Beschreibung der Arbeitsweise
- Ein Fallbeispiel (optional)
- Die Einstiegsübung (optional)

Flexible Arbeitsweise beim Ausfüllen

Nach dem Einstieg in den Strategie-Workshop geht es danach an die eigentliche Arbeit.

Je nach Situation wird die Zeit zum Ausfüllen der Pyramide auf 20 bis 90 Minuten festgelegt. Bei sehr kurzen Workshops, in denen es nur um einen schnellen Informationsaustausch geht, müssen 20 Minuten reichen. Je ausführlicher der Workshop geplant ist und je mehr Personen an einer Pyramide arbeiten, desto mehr Zeit wird für das Ausfüllen der Ebenen benötigt. Wenn die gesamte Führungsmannschaft eines Unternehmens gemeinsam mit dem Moderator die Inhalte ausarbeitet, kann dieser Prozess bis zu einem halben Tag dauern.

Ein sehr häufiges Vorgehen ist, dass die Leiter oder die Leiterinnen der Geschäftsbereiche, also zum Beispiel des Vertriebs, des Marketings, der Produktion, des Finanzwesens und der Administration, jeweils einzeln die Unternehmenspyramide für den eigenen Bereich ausfüllen. Dabei gibt es in der Regel keine Diskussion und nur wenig Hilfestellung vom Moderator, damit die ersten Ergebnisse eine möglichst originäre Bestandsaufnahme dieses Bereiches und seiner Führungskraft vermitteln.

Es ist ebenfalls möglich, die Pyramide im kleinen Team einer ersten Bearbeitung zu unterziehen. Sehr häufig besteht das Team aus dem Leiter des Bereichs und seinem Stellvertreter. Eine andere Gruppenzusammenstellung können die Vertriebsleiter Inland und Ausland sein, die die Pyramide für den Vertrieb als Ganzes erarbeiten.

Wie oben bereits erwähnt, kann auch das gesamte Führungsteam als ersten Schritt seine gemeinsame Unternehmenspyramide kreieren. Dies geschieht am besten unter der Leitung des Moderators. In diesem Fall diskutiert Letzterer mit, damit die korrekte Systematik von vornherein im Ergebnis enthalten ist.

Selbstverständlich kann auch ein komplettes Arbeitsteam gemeinsam die Unternehmenspyramide erstellen. In diesem Team sind alle Mitarbeiter und der Chef des Bereiches beisammen. Es ist günstig, wenn die Gruppe nicht zu groß ist. Falls es mehr als 12 bis 15 Teilnehmer sind, sollte der Kommunikationsstil der Gruppe sehr gut und entwickelt sein, damit man zu ebensolchen Ergebnissen kommen kann.

Je nachdem, wie man mit der Pyramide arbeiten möchte, kann die Gruppe von unten (also bei der UMGEBUNG) anfangen oder von oben (also bei der VISION. Das Team kann wie beim «Brainstorming» dort mit dem Ausfüllen beginnen, wo jemand die ersten Ideen hat. Ein Unternehmen, mit dem ich die Unternehmenspyramide entwickelt hatte, fing beispielsweise mit neuen ZIELEN an. Es hatte sich nämlich eine bestimmte Rahmenbedingung verändert. Aufgrund des Zukaufs einer Firma war man nun in der Lage, sich ganz andere und größere Ziele zu stecken.

Von dort ausgehend, wurde weiter diskutiert: Wie müssen unsere FÄHIGKEITEN sein oder wie können sie eingesetzt werden, damit diese ZIELE erreicht werden? Was müssen wir eventuell an unseren TÄTIGKEITEN und der UMGEBUNG verändern, damit wir schaffen, was wir wollen?

Auch in andere Richtung gab es Fragen zu beantworten: Welche GLAUBENSSÄTZE müssen wir haben, pflegen und kommunizieren, damit wir die neuen ZIELE erfolgreich erreichen können? Welche WERTE müssen wir verkörpern und nach außen repräsentieren, damit das klappt? Welche IDENTITÄT und welche VISION entspricht den gesetzten ZIELEN?

Neben den hier beschriebenen flexiblen Arbeitsweisen beim Ausfüllen der Unternehmenspyramide sind weitere denkbar, weil sich die Strategiearbeit mit diesem Tool an die unterschiedlichsten Situationen anpassen lässt.

Wieso und wie

Natürlich werden die Ebenen bei der schriftlichen Formulierung nicht immer grafisch dargestellt, sondern in den Notizen normal, in linearer Schreibweise niedergelegt. Trotzdem ist es vorteilhaft, die Struktur der Unternehmenspyramide für alle sichtbar an der Wand oder auf einer Tafel darzustellen, wie bereits auf Seite 19 dargestellt.

Ein besonders wichtiges Hilfsmittel bei der Erarbeitung sind die zwei Pfeile an der Seite: Einer weist nach oben und ist mit «Wieso?» beschriftet, der andere nach unten mit der Beschriftung «Wie?».

Grundsätzlich haben die beiden Pfeile mit «Wie?» und «Wieso?» die Aufgabe, für Harmonie und Logik zwischen den Ebenen zu sorgen. Es wäre nämlich möglich, dass sich auf unterschiedlichen Ebenen eine sinnvolle Anzahl von WERTEN oder von GLAUBENSSÄTZEN entwickeln lässt und auch interessante ZIELE, gute TÄTIGKEITEN und eine hervorragende VISION. Gleichwohl schließt das nicht aus, dass diese Einzelelemente nicht miteinander harmonieren oder nicht aufeinander aufbauen.

In einer idealen Pyramide sieht es nämlich so aus, dass jede Ebene die darüber liegende unterstützt beziehungsweise jeder Bereich den darunter liegenden bestimmt. GLAUBENSSÄTZE stimmen beispielsweise in gewisser Weise mit den ZIELEN überein oder harmonieren mit ihnen. Die ZIELE harmonieren mit den FÄHIGKEITEN, die unter den Mitarbeitern vorhanden sind, und selbstverständlich ergeben sich die TÄTIGKEITEN aus den FÄHIGKEITEN, ZIELEN und GLAUBENSSÄTZEN, die in einem Unternehmen existieren.

Dies bedeutet: In der idealen Unternehmenspyramide sind alle Ebenen mit allen anderen Ebenen in idealer Weise vernetzt und verwoben.

Wieso

In der Regel erstellt man die Unternehmenspyramide von unten nach oben entlang des «Wieso?»-Pfeils. Dieses Prinzip gilt besonders dann, wenn mit Hilfe der Unternehmenspyramide Zustand und Positionierung eines bestehenden und in seinem Markt agierenden Unternehmens untersucht werden sollen. Der Weg zur nächsthöheren Ebene ist ein Schritt hin zur Neuformulierung der eigenen Visison.

Schauen wir uns deshalb an, wie sich die Unternehmenspyramide mit Hilfe des nach oben weisenden «Wieso?»-Pfeils entwickelt. Beginnend bei der untersten Ebene fragen wir uns nach dem Zweck unseres Tuns. Jede tiefer gelegene Ebene liefert die Begründung für die Definition der nächsthöheren. Diese Fragelogik nennen wir künftig die Wieso-Fragen.

Das Frageschema soll die Grundlage für eine möglichst genaue Erkundung des Unternehmens darstellen. Jede Fragestellung, auch wenn sie hier in der Abstraktion etwas schematisch vorkommen mag, zwingt das Team, nach sinnvollen Begründungen für alle Bereiche des eigenen Unternehmens zu suchen.

Umgebung
Ganz unten angefangen, stellt sich also die Frage: Wieso haben wir diese UMGEBUNG?

Die beste Antwort darauf sollte lauten: Innerhalb dieser UMGEBUNG können wir die folgend bestimmten TÄTIGKEITEN in idealer Weise ausführen.

Tätigkeiten
Die nächste Frage bezieht sich auf die TÄTIGKEITEN: Wieso üben wir diese TÄTIGKEITEN aus?

Und die logische Antwort sollte sein: Weil wir dazu besonders befähigt sind, beziehungsweise Mitarbeiter haben, die in diesen Tätigkeitsbereichen hohe FÄHIGKEITEN besitzen.

Fähigkeiten

Wieso haben wir diese FÄHIGKEITEN? Oder: Nutzen diese FÄHIGKEITEN unserem Unternehmen? Weil diese FÄHIGKEITEN unsere ZIELE unterstützen beziehungesweise diese FÄHIGKEITEN dafür sorgen, dass unsere OPERATIVEN ZIELE erreicht werden.

Operative Ziele

Die nächste Frage weist von der Ebene der OPERATIVEN zum Bereich der STRATEGISCHEN ZIELE. Sie lautet: Wieso haben wir diese ZIELE? Weil wir mit diesen ZIELEN unsere STRATEGISCHEN ZIELE verwirklichen können.

Strategische Ziele

Der nächste Schritt von der Ebene der STRATEGISCHEN ZIELE zu der Ebene der GLAUBENSSÄTZE – wieder die Frage: Wieso haben wir diese STRATEGISCHEN ZIELE? Weil diese mit unseren GLAUBENSSÄTZEN übereinstimmen oder weil sie ein Ergebnis unserer Überzeugungen sind.

Glaubenssätze

Der nächste Schritt von der Ebene der GLAUBENSSÄTZE zur Ebene der WERTE: WIESO haben wir diese GLAUBENSSÄTZE? Weil diese GLAUBENSSÄTZE eine logische Folge unserer WERTE darstellen.

Werte

Den nächsten Schritt aufwärts gehen wir von den WERTEN zur IDENTITÄT, und wiederum lautet die Frage: Wieso haben wir diese WERTE? Und die Antwort sollte ergeben: Wir haben diese WERTE, weil unsere

IDENTITÄT diese WERTE beinhaltet oder weil unsere IDENTITÄT logischerweise zu diesen WERTEN führen muss.

Identität

Die letzte Frage eröffnet dann in Blickrichtung auf die Identitätsebene zur VISION. Wieso haben wir diese IDENTITÄT? Die Antwort sollte logischerweise heißen: Wir haben diese IDENTITÄT, weil diese IDENTITÄT in idealer Weise unsere VISION unterstützt oder weil wir in idealer Weise mit dieser IDENTITÄT diese VISION erreichen und leben.

Durch diese Struktur wird eine Verbindung zwischen den täglichen Aktionen bis hinauf zur VISION geschaffen. Wenn nun ein Mitarbeiter den Telefonhörer abnimmt und mit einem Kunden telefoniert, dann weiß er, dass er damit zur Realisierung der Unternehmensvision beiträgt.

Wie

Folgen wir dem nach unten weisenden «Wie?»-Pfeil, stellen sich die Fragen nach anderen Kriterien. Wenn von oben nach unten gefragt wird, muss also zumindest eine VISION vorhanden sein, aus der sich die jeweiligen Konsequenzen ergeben.

Dieses Frageprinzip gilt besonders dann, wenn mit Hilfe der Unternehmenspyramide Zustand und Positionierung eines künftigen Unternehmens untersucht werden sollen. Der Weg zur nächsttieferen Ebene ist ein Schritt hin zur Realisation der eigenen VISION.

Kurz gesagt: Es empfiehlt sich also, die Ebenen von oben nach unten zu bearbeiten, wenn es sich um Start-up-Unternehmen oder die Ermittlung von neuen Geschäftsfeldern in ganz neuen Bereichen handelt. Mit einer Reihe von Wie-Fragen («Wie verwirklicht sich die IDENTITÄT aus unserer VISION?») treiben wir den Klärungsprozess zur Realisation unseres visionären Prinzips voran.

Nehmen wir an, ein Start-up habe ein völlig neues Übertragungssystem für Handys entwickelt, das ohne gravierende technische Änderungen das Gros der klassischen und neuen Telefoniefunktionen realisieren kann (und alle Milliarden für die UTMS-Lizenzen wären für die Katz!). Alle gewünschten All-in-one-Funktionen, von denen die anderen nur reden, ließen sich damit praktizieren.

Dann könnte die VISION heißen: «Alles übers Handy!» Wenn wir diese Aussage gemacht haben, könnten wir uns fragen: Wie muss unsere IDENTITÄT beschaffen sein, damit wir diese VISION verwirklichen können? Wie müssen unsere WERTE aussehen, damit wir diese IDENTITÄT leben können? Wie müssen unsere GLAUBENSSÄTZE ausssehen? Und so weiter.

So arbeitet man sich in der Pyramide systematisch mit Hilfe der Wie-Fragen von oben nach unten.

Daneben bieten die Wie-Fragen den Wieso-Fragern ausgezeichnete Möglichkeiten, die Logik der von ihnen entwickelten Pyramiden zu überprüfen. Mit den Wie-Fragen von oben nach unten können Sie die innere Logik von einer Ebene zur anderen und innerhalb der gesamten Pyramide überprüfen. Harmonieren alle Bereiche miteinander und werden ihre Inhalte umgesetzt und gelebt, ergibt sich ein «ideales» Unternehmen daraus.

Bewertungen der Inhalte

Bei der Bearbeitung der Unternehmenspyramide ergeben sich immer wieder Situationen, in denen etwas bewertet, gewichtet, eingeschätzt oder entschieden werden muss.

Deshalb finden Sie in diesem Abschnitt einige bewährte Ratschläge, wie Sie so etwas auf einfache Weise durchführen können.

Es gibt drei Arten von Bewertungen:
1. eine allgemeine Einschätzung,
2. das Festlegen einer Reihenfolge oder Gewichtung und
3. das Treffen einer Entscheidung.

Eine allgemeine Einschätzung

Eine allgemeine Einschätzung ist zum Beispiel notwendig, um eine Ist-Situation zu bewerten. Dabei geht es um die Frage: «Wie gut oder wie schlecht finden wir verschiedene Aspekte unseres Unternehmens?»

Vielleicht soll auch herausgefunden und sichtbar gemacht werden, wie sympathisch oder angenehm eine Situation, Idee, Person oder Aufgabe erlebt wird.

Oder man will ein Stimmungsbild für die Dringlichkeit einer bestimmten Veränderung herstellen.

In diesen Situationen ist die knappste Variante eine Plus-Minus-Einschätzung. Dabei haben die Beteiligten nur die Möglichkeit, etwas als positiv oder negativ einzuschätzen. Sinnvoll ist dies bei einer allgemeinen Einschätzung besonders, wenn sehr viele Teilnehmer gefragt werden. Aufgrund der Größe der Gruppe kann diese Bewertung gleichwohl nur als allgemeine Beurteilung stehen gelassen werden.

Eine Plus-Minus-Einschätzung kann auch nützlich sein, wenn jemand ganz für sich allein das eigene Erleben einer Situation abklären will. Dies kann man zum Beispiel für die verschiedenen eigenen TÄTIGKEITEN tun.

Eine weitere Möglichkeit der allgemeinen Einschätzung ist eine Plus-Null-Minus-Analyse (+/0/−). Sie lässt ebenfalls neutrale Positionen zu und kann ansonsten bei ähnlichen Situationen eingesetzt werden, bei denen auch mit der Plus-Minus-Einschätzung gearbeitet wird.

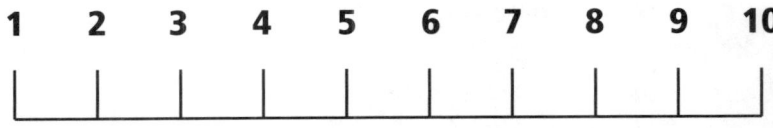

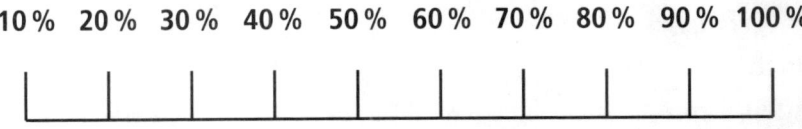

Zehner- und Prozentskala

Die differenzierteren Situationseinschätzungen werden mit kontinuierlichen Skalen vorgenommen. Dazu kann eine Zehnerskala gewählt werden, eine Prozenteinschätzung oder auch nur eine Fünferskala. Diese Varianten sind in Gruppen von fünf bis 15 Teilnehmern sehr sinnvoll. Die Teilnehmer werden aufgefordert, ihre Einschätzungen als

Bewertungen auf der Skala anzugeben. In großen Gruppen bewirkt bereits die Anzahl der Teilnehmer eine Vielzahl von Aspekten. Auch für eine einzelne Person sind diese Bewertungsarten hilfreich und nützlich.

Festlegen einer Reihenfolge oder Gewichtung

Die Bewertung nach Bedeutung (denn um nichts anderes handelt es sich) kann bei der Arbeit mit der Unternehmenspyramide notwendig sein. Hilfreich ist die inhaltliche Gewichtung
- bei der Bestimmung der WERTE,
- bei verschiedenen Aussagen zur IDENTITÄT,
- bei der Reihenfolge der GLAUBENSSÄTZE,
- bei der Reihenfolge der Wichtigkeit besonders der STRATEGISCHEN ZIELE und
- bei der Bewertung der Vordringlichkeit von Veränderungen im Bereich der FÄHIGKEITEN, TÄTIGKEITEN und der UMGEBUNG.

K.-o.-Verfahren
Wenn die wichtigsten Dinge aus einer ganzen Reihe von Fragen heraus ermittelt werden sollen, ist es sinnvoll, Fragestellungen jeweils derart zuzuspitzen, dass die jeweils größere Bedeutung im K.-o.-Verfahren ermittelt werden kann: «Was ist mir/uns wichtiger: Punkt eins oder zwei?»

Wenn Punkt eins wichtiger war, wird dieselbe Frage in Bezug auf Punkt eins und drei gestellt. Jenes Element, welches am Ende der Liste wichtiger als alle anderen war, erhält Position eins.

Dann wird wieder bei der Frageliste oben begonnen und so der zweitwichtigste Aspekt festgelegt. Dies wird so lange wiederholt, bis alle Punkte der Liste eine bezifferte Einschätzung erhalten haben. Zum Schluss wird die Liste in der Reihenfolge neu geschrieben.

Falls zwischen zwei Elementen die Entscheidung schwierig ist, kann eine zweite Frage zu Hilfe genommen werden: «Wenn wir auf eines von beiden verzichten müssten, worauf könnten wir eher verzichten?» Auf diese Weise lassen sich selbst unklarere Unterscheidungen eindeutig treffen.

Skalen und Zahlen, Prozente und ABC-Analyse
Weitere Techniken zur Festlegung von Reihenfolgen und zum Gewichten sind wiederum alle Arten von Skalen mit Zahlen (3, 5, 10), Prozenten oder eine ABC-Analyse. Das Prinzip erklärt sich bei fast allen Methoden von selbst: Die bedeutendsten Dinge werden der höchsten Wertigkeit festgelegt, die weniger bedeutenden entsprechend weniger: Die Prioritäten mit der Bewertung A sind am wichtigsten, mit B am zweitwichtigsten und mit C am wenigsten bedeutsam.

Eine Entscheidung treffen

Neue Elemente einbringen
Entscheidungen treffen will und muss man bei der Arbeit mit der Unternehmenspyramide immer wieder. Hauptsächlich geht es dabei um die Frage, ob ein neues Element, egal auf welcher Ebene der Pyramide, hereingenommen werden soll oder nicht.

Veränderungen
Der zweite Bereich für Entscheidungen sind Veränderungen. Soll eine bestimmte Veränderung tatsächlich vorgenommen werden oder nicht? Bei definitiven Entscheidungen sind Skalen nicht sinnvoll, außer wenn

man die Elemente mit den wenigsten Punkten aussortiert. In der Regel wird man sich jedoch Ja-nein- oder Plus-minus-Fragen stellen müssen, um die anstehende Entscheidung zu treffen.

Zum Schluss sind hier noch ein paar Tipps, wie die jeweiligen Einschätzungen festgehalten und visualisiert werden können.

Es ist von Vorteil, auf ein Flipchart eine Skala oder zwei Felder für «Ja» und «Nein» zu zeichnen. Nun können die Teilnehmer entweder ihre Position mit einem Stift oder mit Klebepunkten selbst festlegen, oder der Moderator nimmt die Wertungen mündlich oder auf Karten oder Zetteln (auch anonym) entgegen und trägt sie entsprechend ein. Die Arbeit mit Overhead-Folien ist weniger empfehlenswert.

Außerdem gibt es computergestützte Bewertungsmöglichkeiten, die allerdings nur für sehr große Gruppen nützlich sind oder wenn die Ausstattung dazu bereits vorhanden ist.

Es ist gleich, welches Verfahren Sie wählen: Generell lockern Bewertungen den Workshop auf, machen ihn interessant und sorgen obendrein für Verbindlichkeit.

Fünf verschiedene Workshop-Typen

Kurz-Workshop zur gegenseitigen Information

Ein Kurz-Workshop dauert ein bis zwei Stunden und dient ausschließlich als Forum: Die anwesenden Führungskräfte informieren sich gegenseitig über die Strategien ihrer Bereiche. Das hat zur Voraussetzung, dass die oberste Führungskraft eines Unternehmens oder eines Bereiches und die dieser unterstellten Leiter die Pyramiden für ihren jeweiligen Verantwortungsbereich erarbeiten und sich dann die Ergebnisse gegenseitig vorstellen.

Typische Situationen, in denen ein solcher Kurz-Workshop sinnvoll ist, sind zum Beispiel:

- Der oberste Chef ist neu (Wahl, Ernennung, Firmenkauf usw.).
- Einer oder mehrere Chefs auf der zweiten Ebene haben gewechselt.
- Es gibt eine wichtige neue Situation im Unternehmen (neue Produktionsphase, neuer Markt oder Ähnliches).

Zu beachten ist, dass die oben erwähnten Neuerungen in einer insgesamt sehr stabilen Situation auftreten sollten. Falls dies nicht der Fall ist, muss man sich mehr Zeit lassen, um vernünftige Ergebnisse zu erarbeiten.

Wie geht man bei Kurz-Workshops am besten vor?

Der Einstieg muss so knapp wie möglich sein. Die Fallstudie, die Einstiegsübung und selbstverständlich das Kommunikationstraining (siehe Seite 131 oben) fallen weg. Das Team konzentriert sich darauf, die Beschreibung der Ebenen und der Vorgehensweise in zirka 20 bis 30 Minuten vorzunehmen. Danach erhalten die Teilnehmer wiederum 20 bis 30 Minuten Zeit zur kurzen Erarbeitung der Pyramide für ihren Bereich. Der Rest des Zeitbudgets wird für die gegenseitige Vorstellung der Ergebnisse genutzt. Dabei konzentriert man sich besonders auf die Personen oder Punkte, die sich verändert haben.

Ist also der oberste Chef neu, erhält er die meiste Zeit zur Vorstellung seiner Ideen und zum Beantworten von Fragen. Dadurch werden seine ihm direkt unterstellten Führungskräfte sehr effizient mit seiner Führungskultur und seinen Zielen vertraut gemacht. Selbstverständlich ist es auch möglich, dass der neue Chef seine Unternehmenspyramide bereits vor dem Workshop erstellt und sich dabei vom Moderator unterstützen lässt. Das garantiert, dass die Pyramide auch bei wenig Zeit zum Erarbeiten in sich stimmig ist.

Haben auf der zweiten Führungsebene einer oder mehrere Chefs gewechselt, ist es sinnvoll, dass man ihren Präsentationen etwas mehr Zeit und Aufmerksamkeit widmet. Da aber die «Neuen» sicherlich ihrerseits sehr interessiert sind, was ihnen in ihrem neuen Führungsteam entgegenkommt, sollten natürlich den Vorstellungen der anderen genügend Zeit eingeräumt werden.

Will man eine neue Produktion starten, einen neuen Absatzmarkt aufbauen, ein anderes Customer-Relationship-Management einführen oder administrative Veränderungen einführen, sollte der Chef des jeweils verantwortlichen Bereiches seine Unternehmenspyramide als Erstes darlegen. Den anderen Beteiligten kann im Anschluss daran noch eine kurze Zeit zum Überarbeiten ihrer Bereichspyramiden gegeben werden, damit sie die Auswirkungen der Neuerungen für ihren Verantwortungsbereich integrieren können.

Bei einem solchen Kurz-Workshop entfallen die Verarbeitung der Ergebnisse und die Planung von Maßnahmen wegen der Kürze der Zeit und weil es nur eine kurze prägnante gegenseitige Information geben soll.

Zu den hier beschriebenen Möglichkeiten haben Sie im zweiten Kapitel bereits ein Praxisbeispiel gelesen. Es ist die Unternehmenspyramide der Finanzdirektion Zürich (Seite 72ff.).

Entwicklung einer gemeinsamen Unternehmenspyramide

Im Folgenden soll eine normale und typische Situation dargestellt werden: Der Chef und alle Mitglieder des Leitungsteams erarbeiten gemeinsam eine zukunftsweisende Unternehmenspyramide als Grundlage für ihr zukünftiges Handeln.

Diese Vorgehensweise ist sinnvoll,

- wenn es bisher noch keine Strategieentwicklung im Unternehmen gab;
- wenn die bisherige Unternehmensstrategie mittlerweile veraltet ist;
- wenn es sehr viele Veränderungen im Unternehmen gab (dies kann zum Beispiel die Marktentwicklung, ein Firmenzukauf oder eine ganz neue Produktgruppe oder Dienstleistung sein);
- wenn es entweder einen oder mehrere neue Chefs im Leitungsteam gibt, die «einen neuen Wind» in das Unternehmen bringen sollen und wollen.

Vorbereitungsfragen

Bei der Vorbereitung eines solchen Workshops sind alle Punkte zu beachten, die im Abschnitt «Die Vorbereitung» (Seite 96) bereits erörtert worden sind. Zunächst werden die Ziele festgelegt.

Weiterhin sollte sich die Führungscrew überlegen, wie die Situation des Unternehmens im Moment aussieht und was deshalb nützlich ist: Wollen wir eine Marktposition verbessern? Wollen wir die Motivation der Mitarbeiter steigern? Wollen wir mehr Kooperation herstellen im Gesamtunternehmen? Was sind andere wichtige Ziele, die mit der Entwicklung der Unternehmenspyramide verbunden sind?

Diese Vorüberlegungen sind wichtig, um von vornherein sicherzustellen, dass die Entwicklung der Unternehmenspyramide keine Theorieübung bleibt, sondern durch konkrete Maßnahmen sofort in die Tat umgesetzt werden kann. Kein Trainer, kein Coach, kein Mediator sollte der Unternehmensleitung diese Grundfragen abnehmen.

Teilnehmerfragen

Der nächste Punkt ist die Festlegung der Teilnehmenden. Soll die Geschäftsführung inklusive Verwaltungs- oder Aufsichtsrat oder ein anderes Kontrollgremium, so vorhanden, teilnehmen? Soll die erste oberste Führungsebene teilnehmen, oder eventuell auch deren Stellvertreter?

Ortsfragen

Der Workshop-Ort sollte außerhalb des Unternehmens gewählt werden, da in der Regel dann Störungen durch betriebliche Unterbrechungen am geringsten sind. Auf alle Fälle ist es für die Arbeitsatmosphäre und damit auch für die Ergebnisse überaus vorteilhaft, wenn am Tagungsort helle, freundliche und die Kreativität fördernde Räumlichkeiten vorzufinden sind.

Materialfragen

Die Bereitstellung des Arbeitsmaterials kann getrost dem Moderator überlassen bleiben. In der Regel werden eine oder mehrere große Pinnwände verwendet. Darauf werden die jeweiligen Diskussionspunkte notiert und festgehalten. Manchmal lässt man die Teilnehmer zunächst Moderations- respektive Themenkarten schreiben, die dann an den verschiedenen Pinnwänden befestigt werden.

Die Dauer

Die Entwicklung einer gemeinsamen Unternehmenspyramide dauert unterschiedlich lang:

- Wenn die Gruppe klein ist und nur zirka sechs Teilnehmer hat, wird ein halber Tag benötigt.
- Soll ein Kommunikationstraining an den Anfang gestellt oder etwas mehr Zeit zum Nachdenken und Diskutieren gegeben werden oder ist die Gruppe etwas größer, so benötigt man etwa einen Tag für den Workshop.

Als Termin wählt man in der Regel einen Wochentag, außer die Arbeitsbelastung ist außergewöhnlich hoch und die Motivation der Führungskräfte ebenfalls. In diesem Fall werden die Teilnehmer sicher bereit sein, auch einen Sonnabend zur Verfügung zu stellen.

Seminarbeginn

Wenn die Vorbereitungen abgeschlossen sind und die Teilnehmenden angereist sind, kann es losgehen. Der Moderator oder Trainer beginnt am besten mit einem kurzen Kommunikations- und Motivationstraining, um die gelernten Fähigkeiten gleich in der Diskussion an diesem Tag einzusetzen.

Danach kann man mit der Arbeit an der Unternehmenspyramide beginnen. Zu Beginn wird die Pyramide vorgestellt, die einzelnen Ebenen werden vorgestellt und ein Fallbeispiel. Wenn es sich um ein wirklich neu zu gründendes Unternehmen handelt, in dem zurzeit noch keine Strategie existiert, lässt man eine Prozent-Abfrage der Ebenen weg.

Ist eine Strategie bereits vorhanden und existiert das Unternehmen bereits, kann man die Einstiegsübung mit der Prozentabfrage zu den einzelnen Ebenen VISIONEN, IDENTITÄT, GLAUBENSSÄTZE, STRATEGISCHE ZIELE, OPERATIVE ZIELE, FÄHIGKEITEN, TÄTIGKEITEN und UMGEBUNG vornehmen. So ist eine Sensibilisierung der Teilnehmer für die Bereiche der Pyramide gewährleistet, noch bevor sie ihre eigenen Inhalte eintragen.

Umgang mit Fragen nach der Vision

Danach beginnt man mit den Überlegungen zur VISION, denn die VISION stellt die stärkste, motivierendste und zukunftswirksamste Kraft dar. Wenn es sich nicht um ein ganz neu gegründetes Unternehmen handelt, fließen selbstverständlich die bisherigen Gedanken und Bedingungen zu diesem Thema mit ein.

Ein gutes Beispiel für die Wichtigkeit einer neuen VISION selbst in einer länger existierenden Firma zeigt sich am Beispiel eines Großpumpenunternehmens.

Dieser Produzent und Vertreiber von großen Wasserpumpen war aufgrund eines schrumpfenden Marktes unter Druck geraten. Die Geschäftsleitung hatte im Herbst eines Jahre bereits die Ziele fürs nächste Jahr festgelegt, allerdings ohne ausführliche Strategieüberlegungen anzustellen. Angeregt durch eine Führungskraft aus dem Marketing, der die Unternehmenspyramide kennen gelernt hatte, machte sich das Leitungsteam ein zweites Mal an die Planung für das nächste Jahr.

Bei der Diskussion der VISION stellte das Führungsteam fest, dass es, ohne es zu formulieren, momentan eine sehr negative VISION hatte, in Worten ausgedrückt etwas Ähnliches wie: «Wir wollen überleben…»

Das Unternehmen hatte sich außerdem stark auf seine reinen Produktleistungen konzentriert. In der neuen VISION kam nun viel mehr seine Leistung als Ingenieurunternehmen im Bereich Wassertransport und Wasserbewegung zum Ausdruck. Durch diese Orientierung – weg von der Marktschwierigkeit und dem reinen Produktdenken – wurde der Spielraum, den das Unternehmen besaß, entschieden größer und deutlicher. Auf dieser Grundlage wurde in Zukunft kreativer nachgedacht und erfolgreicher gehandelt.

Umgang mit Fragen nach der Identität

Wenn man sich nun innerhalb eines Workshops über Inhalt und Form der VISION einig geworden ist, geht man über zur IDENTITÄT. Die definierte IDENTITÄT muss selbstverständlich sinnvoll zur vorher festgelegten VISION passen. In der Situation des Großpumpenunternehmens definierte sich das Unternehmen nun zum einen als ein internationales und außerdem als ein exzellentes Ingenieurunternehmen.

Umgang mit Fragen nach den Werten

Bei der Diskussion und Definition der WERTE des Unternehmens weitet sich nun der Blick. Einerseits stellt man sich die Frage, welche WERTE im Unternehmen hochgehalten oder verkörpert werden müssen, damit die VISION erreicht werden kann.

Auf der anderen Seite wird man sicherlich ein Auge auf die aktuelle Realität werfen, um herauszukristallisieren, welche WERTE zurzeit im Unternehmen kommuniziert und gelebt werden.

Es sollten etwa zwischen fünf und 15 WERTEN erarbeitet werden. Mehr ist gedanklich nicht überblickbar und kann praktisch auch nicht umgesetzt werden. Weniger als fünf WERTE beschreiben die Einstellung eines ganzen Unternehmens fast immer zu undifferenziert (allerdings ist keine Regel ohne Ausnahme).

Wenn die WERTE gesammelt sind, sollten sie in eine hierarchische Reihenfolge gebracht werden: Was ist der oberste, der allerwichtigste Wert, was der zweite, dritte, vierte usw.?

Umgang mit Fragen nach den Glaubenssätzen

Bei der Erarbeitung der GLAUBENSSÄTZE orientiert man sich einerseits an dem, was zurzeit im Unternehmen an Überzeugungen, wichtigen Gesprächsthemen oder an Tratsch kursiert. Andererseits erörtert man, was für GLAUBENSSÄTZE konstruktiv und wünschenswert sind. Zusammengefasst: Was wollen wir als Führungsteam denken und nach außen kommunizieren, und was sollen die Mitarbeiter untereinander an positiven Überzeugungen besprechen und im Alltag beiläufig äußern? Die Diskussion und Erarbeitung der GLAUBENSSÄTZE eignet sich, neben der gestaltenden Funktion, besonders gut, um negative Haltungen und Erscheinungen innerhalb des Unternehmens ausfindig zu machen.

Während des Strategieentwicklungs-Workshops kann und sollte

bei der Diskussion der negativen GLAUBENSSÄTZE versucht werden, diese in positive umzuformulieren.

Weiterhin sollten Maßnahmen entwickelt werden, mit denen negativen Einstellungen unter den Mitarbeitern, bei Lieferanten oder Kunden entgegengetreten und entgegengewirkt werden kann.

Umgang mit Fragen nach den Zielen

Die strategischen Ziele werden ganz sicher im gesamten Führungsteam besprochen. Im Workshop ist es aber auch möglich, dass sich die Leiter der wichtigen Abteilungen einzeln oder mit ihren Stellvertretern für eine gewisse Zeit zurückziehen und überlegen, welche STRATEGISCHEN ZIELE in ihrem Bereich notwendig sind, damit die oben erarbeiteten Punkte erfolgreich verwirklicht werden können.

Bei diesen Überlegungen sollten die unteren Ebenen mit berücksichtigt werden. Dazu fragt man: Welche STRATEGISCHEN ZIELE tragen dazu bei, dass die momentan praktisch-pragmatisch anstehenden Arbeitsaufgaben sinnvoll erweitert und umgesetzt werden können?

Wählt man die Methode, Einzelarbeiten machen zu lassen und nach der Einzelarbeit die Ergebnisse zusammenzutragen, dann werden diese auf der Pinnwand visualisiert.

Selbstverständlich schließt sich an diese Visualisierung eine Diskussion an, die dazu beiträgt, dass das Team der Führungskollegen ein besseres Verständnis für die Aufgaben der anderen Bereiche erhält. Da man bei den OPERATIVEN ZIELEN noch mehr ins Detail geht, macht es Sinn, dass sich die einzelnen Teilnehmer des Leitungsteams spätestens an dieser Stelle individuell vorbereiten, um danach die Ziele der einzelnen Bereiche zusammenzutragen, zu betrachten, zu diskutieren und schließlich festlegen zu können. Die gemeinsame Diskussion und Abstimmung dieser Ziele trägt dazu bei, die zukünftige Zusammenarbeit zu verbessern.

STRATEGISCHE und OPERATIVE ZIELE sind meist dicht miteinander verwoben. Das Team darf sich die Zeit nehmen, beide präzis zu formulieren.

Umgang mit Fragen nach den Fähigkeiten
Bei der Definition und Festlegung der FÄHIGKEITEN des Unternehmens geht es selbstverständlich nicht darum, alle vorhandenen FÄHIGKEITEN aufzulisten. Es werden nur die wichtigsten oder die kritischsten festgehalten.

Die wichtigsten sind jene FÄHIGKEITEN, die die Leistung und das «Bild» des Unternehmens am deutlichsten nachzeichnen. Die kritischsten FÄHIGKEITEN, sind diejenigen, die entweder am allerwichtigsten sind, oder FÄHIGKEITEN, die zurzeit nicht so vorhanden sind oder genutzt werden, wie es für das Unternehmen am optimalsten wäre.

Umgang mit Fragen nach den Tätigkeiten
Das gerade für die FÄHIGKEITEN Gesagte gilt im Wesentlichen auch für die TÄTIGKEITEN. Man hält die wichtigsten TÄTIGKEITEN fest, um ein klares Bild von dem, was im Unternehmen getan werden muss, zu zeichnen. Die kritischsten TÄTIGKEITEN sind solche Dinge, die im Moment nicht «rund» laufen. Sie werden notiert und diskutiert, um verbessert zu werden.

Umgang mit Fragen nach der Umgebung
Zum Schluss geht es noch um die Festlegung der wichtigsten Punkte, die man in der UMGEBUNG erwähnen will. Zum einen werden sicher die Kunden und Lieferanten erwähnt. In der räumlichen UMGEBUNG gibt es sicher wichtige oder interessante Punkte, die genannt werden müssen. Ein weiterer Aspekt der UMGEBUNG ist alles, was mit dem Potenzial der Mitarbeiter zu tun hat, das dem Unternehmen zur Verfügung

steht. Bei der Auswahl relevanter Gesichtspunkte geht es immer wieder um die Frage: Sind die UMGEBUNGSbedingungen zurzeit optimal, oder wo gibt es Möglichkeiten zur Verbesserung?

Maßnahmenplanung
Die Maßnahmenplanung kann während der Diskussion sukzessive vorgenommen werden. Es ist sinnvoll, dass sich das Team für den Schluss einen größeren Zeitblock dafür freihält. Einige Maßnahmen werden sich bereits aus der Diskussion der Ziele, FÄHIGKEITEN und TÄTIGKEITEN ergeben haben, aber es gibt auch noch die allgemeinen Maßnahmen zur Veröffentlichung und Umsetzung: Wie kommen die Informationen beziehungsweise die festgelegten Punkte so an jeden Mitarbeiter, dass er sein Verhalten auf die geplanten und festgelegten Punkte konzentrieren kann?

Die Kommunikation der in der Unternehmenspyramide festgelegten wichtigsten Punkte, ins Unternehmen hinein und gegenüber Lieferanten und Kunden, ist verhältnismäßig einfach, da die Pyramide bequem auf einer Seite abgebildet werden kann, zumindest, wenn man sich auf die wesentlichen Punkte oder Stichworte beschränkt. So können die Führungskräfte die festgelegten Dinge in Besprechungen mit wenig Aufwand veröffentlichen und kommunizieren.

Nachdem nun die Erarbeitung innerhalb eines Strategie-Workshops stattgefunden hat, alle Maßnahmen mit Zahlen, Daten, Fakten und Verantwortlichkeiten versehen worden sind und eine gewisse Zeit der Umsetzung der Ideen und Gedanken im Unternehmensalltag stattgefunden hat, ist es nützlich, in einem Follow-up-Tag die Pyramide ein weiteres Mal anzuschauen.

Dabei wird überprüft, was sich in die Praxis hat umsetzen lassen, ob man Ergänzungen und Korrekturen vornehmen will oder mit dem erarbeiteten und umgesetzten Ergebnis zufrieden ist.

Standortbestimmung
aller Unternehmensbereiche

Bei einer Standortbestimmung aller Bereiche eines Unternehmens erarbeiten die Leiter aller Abteilungen eine Unternehmenspyramide für
ihren Verantwortungsbereich und stellen diese zur Diskussion.

Das Hauptanliegen dieser Vorgehensweise ist es, das Verständnis und
die Kommunikation der Bereiche untereinander zu verbessern beziehungsweise eventuell auftretende Reibungspunkte bereits im Vorfeld zu
verhindern. Es gibt eine Reihe von Gründen, weshalb das notwendig
sein kann:

- Erstens kann es sich um ganz normale Probleme der Zusammenarbeit zwischen unterschiedlichen Bereichen handeln. Es gibt so gut
  wie in jedem Unternehmen gewisse Reibungsverluste und Schwierigkeiten, die von Zeit zu Zeit gemeinsam besprochen und verbessert werden sollten.

- Zweitens kann die räumliche Distanz zwischen den einzelnen Bereichen und deren Leitern ein triftiger Grund sein, weshalb man mit
  der Unternehmenspyramide eine Standortbestimmung vornehmen sollte, denn räumliche Distanz führt automatisch zu größeren
  Schwierigkeiten in der Zusammenarbeit. Da helfen weder E-Mails
  noch Videokonferenzen.

- Wenn es drittens einen oder mehrere neue Bereichsleiter im Unternehmen gibt, ist es wichtig, sich gegenseitig darüber zu informieren, «abzugleichen», wie die Zusammenarbeit möglichst optimal
  funktionieren kann. Außerdem erfahren so die neuen Führungskräfte, was in den einzelnen Bereichen für Aktivitäten, VISIONEN,
  ZIELE, Vorstellungen, GLAUBENSSÄTZE usw. vorhanden sind. Gleichzeitig ist es auch für die «alten Hasen» interessant, die Vorstellungen des oder der neuen Bereichsleiter kennen zu lernen.

- Viertens: Alle Arten von Veränderungen oder Neuerungen können dazu führen, dass eine neue Standortbestimmung aller Unternehmensbereiche mit der Unternehmenspyramide vorgenommen werden muss. Solche Veränderungen oder Neuerungen können zum Beispiel Modernisierungen aller Art sein, wie die Modernisierung der Produktion, aber auch administrative oder abrechnungstechnische Entwicklungen oder Neuerungen.
- Der Beginn eines neuen Produktionszyklus, die Einführung bisher unbekannter Produkte oder eine Neuerung der Dienstleistungen können ebenfalls einen Grund sein, eine Standortbestimmung durchzuführen.
- Fusionen, Übernahmen und Firmenkäufe sorgen ebenfalls dafür.
- Ein weiterer Bereich, der Neuerungen mit sich bringt, sind Veränderungen im Markt.

Eine Spezialität dieser Art des Workshops – also des Workshops zur Standortbestimmung – ist die Tatsache, dass der Chef, also der Geschäftsführer, CEO oder der übergeordnete Bereichsleiter, nicht anwesend sein muss. In vielen Fällen ist es sogar so, dass es ungünstig ist, wenn er anwesend wäre.

Es ist eine alte Erfahrungstatsache, dass sich die Leiter der Unternehmensbereiche im Beisein ihres Chefs weniger frei fühlen und unter Umständen zu vorsichtig oder zurückhaltend mit ihren Ausführungen umgehen. Wenn der oberste Chef nicht dabei ist, vermeidet man außerdem, dass er in der Rolle des Schlichters auftreten muss. Dies sollte nur in sehr festgefahrenen Situationen oder bei schwachen Kommunikationsfähigkeiten notwendig sein. Außerdem sind «Friedensschlüsse» auf Befehl wenig haltbar und deshalb nicht sinnvoll.

Ein weiterer Vorteil dieses Seminartyps ist, dass die Initiative der Erarbeitung stärker bei den Bereichsleitern liegt. Aus praktischen Erwägungen ist es ebenfalls nicht notwendig, dass der Geschäftsführer oder oberste Chef beim Entwickeln der Bereichspyramiden anwesend ist, weil keine Gesamtpyramide erarbeitet werden soll, für die sein Dabeisein unabdingbar wäre.

Im Gegensatz zum Chef ist allerdings die Anwesenheit eines Moderators oder Trainers in diesem Setting ganz besonders notwendig, wichtig und hilfreich, denn der Trainer oder Moderator kann Konfliktpotenziale zwischen den einzelnen Bereichen konstruktiv lenken. Als Externer hat er in der Regel ein distanzierteres Verhältnis zu den Schwierigkeiten und Komplikationen innerhalb des Unternehmens. (Und im extremsten Fall ist ein externer Sündenbock günstiger als ein interner!)

Vorbereitungsfragen

Die Vorbereitung des Workshops kann recht einfach abgewickelt werden, denn es handelt sich nicht um eine grundsätzliche Neuformulierung der unternehmerischen Prämissen. Der Blick auf die Situation des Unternehmens ist allerdings auf jeden Fall wichtig, denn bei der Standortbestimmung wird ja geprüft, ob «der Standort stimmt».

Ein Ausblick auf die Verarbeitung und Nutzung der Ergebnisse ist bei der Standortbestimmung aller Unternehmensbereiche ebenfalls sehr wichtig. Man will eine Verbesserung erreichen, vielleicht soll eine Situation, die bisher nicht besonders gut gelaufen ist, zu möglichst großer Zufriedenheit aller Beteiligten verändert werden. Deshalb ist eine verbindliche Umsetzungsplanung besonders notwendig, aber auch unter Umständen etwas schwierig.

Von größter Bedeutung sind die Ziele der Strategieerarbeitung. Das ist deshalb in dieser Situation besonders notwendig, weil es in der Erarbeitung von besserer Zusammenarbeit hilfreich ist, wenn es eine Reihe starker und verbindender, gemeinsamer Ziele der Bereichsleiter gibt.

Teilnehmerfragen

Die Festlegung der Teilnehmer ist bei diesem Setting bedeutsam, weil sich einerseits niemand ausgeschlossen fühlen darf, wenn sich alle Bereichsleiter um eine bessere Kommunikation bemühen. Andererseits sollte die Gruppe auch nicht zu groß werden, damit die Zeit und die Komplexität der Erarbeitung in einem überschaubaren Rahmen bleibt.

Ortsfragen

Bei der Auswahl des Workshop-Ortes sollte auch hier auf einen Ort außerhalb des Unternehmens zurückgegriffen werden.

Materialfragen

Die Bereitstellung des Arbeitsmateriales ist unproblematisch, da sie vom Moderator übernommen werden kann.

Die Dauer

Die Dauer sollte anderthalb Tage betragen. Dadurch verbringen die Teilnehmer gemeinsamen Abend, der gut dazu geeignet ist, in informellen Gesprächen die Neuerungen, Kompromisse und Verbesserungen zu besprechen.

Als Termin sollten eventuell Tage des Wochenendes genommen werden. Wenn nämlich die Leiter aller Bereiche eines Unternehmens gleichzeitig zusammentreffen, bedeutet dies für viele Unternehmen eine ungünstige Einschränkung des Tagesgeschäfts. Das Problem verstärkt sich, wenn auch die stellvertretenden Abteilungsleiter zum Workshop eingeladen sind.

Seminarbeginn

Diesen Workshop-Typ beginnt man am besten mit einem Kommunikationstraining. Das ist deshalb wichtig, damit mehr Offenheit und Konstruktivität für eventuell schwierige Phasen erzielt wird.

Sitzen nun am ersten Workshop-Morgen alle Teilnehmenden pünktlich im Seminarraum, ist die Vorstellung der einzelnen Teilnehmer und Bereiche ein Hilfsmittel, um einen möglichst angenehmen und konstruktiven Start der Zusammenarbeit zu gewährleisten.

Das ist auch der tiefere Grund, weswegen die Vorstellungsrunde wichtig ist, selbst wenn sich alle untereinander kennen. Es geht nämlich nicht darum, Namen und Funktion anzugeben, sondern neben Aufgaben und Tätigkeiten eventuelle, aktuelle Themen im eigenen Bereich für die anderen darzustellen. Auch die Stimmung und die Schwierigkeiten in den einzelnen Abteilungen können erwähnt werden.

Danach findet das Kommunikationstraining, das vom Moderator beziehungsweise Trainer geleitet wird, statt. Es folgt der Einstieg in die Unternehmungspyramide, die Erläuterungen, Fallbeispiele usw.

Dann gehts los:

* Die Teilnehmer beginnen, ihre Pyramiden einzeln auszufüllen. Am besten tun sie das auf Flipcharts, da diese besonders gut zu präsentieren sind.

    A3-Bögen sind gut geeignet, wenn die Gruppe nicht zu groß ist. A3-Bögen haben gegenüber den Flipcharts den Vorteil, dass ein leeres, gedrucktes Schema der Pyramide verteilt werden kann. So muss sie nicht von Hand gezeichnet werden.

* Die Ausfüllzeit beträgt 30 bis 60 Minuten. In dieser Phase ist die Hilfe des Trainers gefragt, weil die Bereichsleiter erfahrungsgemäß unterschiedlich schnell und elegant mit den Elementen der Pyramide umgehen können. Damit aber sämtliche Ergebnisse eine an-

nähernd gleiche Qualität erreichen, kann der Trainer durch Tipps und Hilfsmittel in den Prozess eingreifen. Deshalb geht er von Teilnehmer zu Teilnehmer und korrigiert, liefert Ideen und bietet gute sprachliche Formulierungen an, da wo es gebraucht wird.

Gleichwohl sollte die ursprüngliche Intention des Bereichsleiters mit allen Ecken, Kanten und Problemen, die real in der Abteilung vorhanden sind, erhalten bleiben. Verbesserungen und Veränderungen sollten nämlich erst in der Präsentation und Diskussion in der Teilnehmerrunde erarbeitet werden.

- Die nächste und längste Phase des gesamten Workshops ist nun die Vorstellung jeder einzelnen Pyramide vor der gesamten Gruppe. Die Zeit für die Vorstellung und Diskussion einer einzelnen Pyramide beträgt zwischen 30 und 90 Minuten.

  Dazu sitzt die Gruppe im Halbkreis vor der Präsentationswand, und der jeweilige Bereichsleiter stellt im ersten Schritt seine Pyramide, so weit, wie er sie erarbeitet hat, vor. In dieser Phase sollte es möglichst keine Zwischenfragen oder Kommentare geben. Die Teilnehmer notieren sich auf Kärtchen oder Blöcken Fragen oder Verbesserungsvorschläge zur Pyramide und zum darin vorgestellten Bereich.

- Nachdem der jeweilige Bereichsleiter seine Pyramide vorgestellt hat, beginnt die Phase der Fragen, Diskussionen und Verbesserungsvorschläge. In der Regel wird die Pyramide von unten nach oben präsentiert, da es um die Beschreibung bereits existierender Situationen geht.

  Jede Pyramide wird so auf ihre innere Logik überprüft. Im ersten Durchgang stellt vor allem der Moderator die Fragen. Dadurch lernen die Anwesenden, wie sie möglichst konstruktiv an der Verbesserung der Unternehmenspyramide und der Entwicklung von Lösungen mitwirken können.

- Verbesserungsvorschläge, die sich aus in der Pyramide erkennbaren Problemstellungen ergeben, werden auf einem weiteren Flipchart-Bogen festgehalten und am besten sofort mit Terminen, Verantwortlichkeiten und Überprüfungsprozedere versehen. Der Moderator ist hier sehr wichtig, einerseits um dafür zu sorgen, dass die Diskussion nicht oberflächlich bleibt. Andererseits stellt er sicher, dass es keine negativ gefärbten oder feindseligen Diskussionen über die Darstellung der einzelnen Bereichsleiter gibt. Außerdem sollen ja möglichst viele konkrete Probleme aus dem Weg geräumt werden.

Nach der Präsentation aller Pyramidenergebnisse, ihrer Optimierung und der Ableitung von Verbesserungsmaßnahmen wird zusätzlich diskutiert und festgelegt, auf welche Art und Weise die Kommunikation der Ergebnisse des Workshops durchgeführt werden soll.

Außerdem muss der übergeordnete Chef darüber informiert werden, was für Verbesserungen der Workshop gebracht hat. In manchen Fällen wird er sie erst gutheißen müssen, bevor sie umgesetzt werden können. Fast nie werden Kunden oder Lieferanten über diese Ergebnisse informiert, da der Schwerpunkt in diesem Setting auf der Verbesserung von internen Prozessen liegt.

Standortbestimmung plus gemeinsame Unternehmenspyramide

Bei diesem Format werden zunächst die Pyramiden der verschiedenen Unternehmensbereiche erstellt und präsentiert. Danach erarbeiten alle Beteiligten eine gemeinsam getragene Unternehmenspyramide für die ganze Firma. Es ist die komplexeste Methode, um mit der Unternehmenspyramide zu agieren.

Da man mit den Unternehmenspyramiden der einzelnen Bereiche beginnt, wird dieses Verfahren als Bottom-up-Konzept bezeichnet. Es eignet sich für verschiedene Situationen.

Interessant ist diese Vorgehensweise zum Beispiel im Rahmen einer Holding mit selbstständigen Töchtern. In einer solchen Unternehmensstruktur werden zunächst die Standpunkte und Pyramiden der einzelnen Töchter erarbeitet, um einen großen Überblick über das gesamte Unternehmen zu gewinnen. Im Anschluss daran wird die Unternehmenspyramide für das gesamte Unternehmen gemeinsam erarbeitet. Auf diese Weise fördert man die Zusammengehörigkeit und das Wir-Gefühl. Und da die Geschäftsführer der einzelnen Holding-Töchter in der Regel sehr selbstständig agieren, respektiert und würdigt man mit der beschriebenen Reihenfolge diese Situation.

Auch in anderen Unternehmensformen mit sehr selbstständigen und heterogenen Bereichen ist diese Vorgehensweise nützlich, um die gesamte Gruppe zu einem harmonischen Ganzen zusammenzufügen.

Wenn das Verhältnis der Bereichsleiter mit der Geschäftsführung oder dem Besitzer des Unternehmens sehr kollegial und partizipativ ist, bietet sich ebenfalls diese sehr komplexe Untersuchungsmethode (Teilpyramiden und Gesamtpyramide) an. Das heißt, Bereichs- oder Abteilungsleiter sind nicht einfach Exekutivorgane der Spitze, sondern Gliederungen des Unternehmens oder der Holding, die die Geschäftsführung in ihrer Entscheidungsfindung aktiv unterstützen. In wissenschaftlich orientierten Unternehmen oder in Unternehmen des so genannten neuen Marktes sind solche Situationen sehr häufig anzutreffen.

Vorbereitungsfragen

Da diese Vorgehensweise selbst sehr umfassend ist, ist selbstverständlich die Vorbereitung entsprechend ausführlich. Der «Blick auf die Situation des Unternehmens» und die «Planung der Ziele» der Strategieerarbeitung müssen mit der Geschäftsleitung besprochen werden. Zusätzlich kann es notwendig sein, mit jeder einzelnen Unterorganisation ebenfalls Vorbesprechungen abzuhalten.

Der letzte Punkt der Vorbereitung, der «Ausblick auf die Verarbeitung und Nutzung der Ergebnisse» (siehe Seite 99), wird eine oder mehrere ausführliche Besprechungen erfordern.

Eine besondere Spezialität dieser Art der Strategieentwicklung ist zudem der Punkt, dass der oberste Chef, das heißt der Geschäftsführer, Unternehmensinhaber oder CEO, in den ersten anderthalb bis zwei Tagen nicht unbedingt anwesend sein muss. In dieser Zeit gibt es für ihn keine aktive Arbeitspunkte, die er erledigen müsste. Das heißt, dass er mehr oder weniger untätig die Arbeit der anderen beobachten würde. Dies könnte als unnötige Kontrolle verstanden werden.

Oder er engagiert sich bei den Analysen seiner Rolle entsprechend stark, was als eine Bevormundung oder als zu direktiv erlebt würde. Dies kann sogar «sehr guten» und «lockeren» Chefs leicht passieren, weil eine Hierarchie meiner Erfahrung nach in einer Gruppensituation immer dazu führt, dass der oberste Chef überdeutlich und mit einer gewissen «Hab-Acht-Stellung» wahrgenommen und behandelt wird. Nur wenn das Verhältnis zwischen Bereichs- und Unternehmensleitung ein sehr positives, lockeres, fast respektloses und sehr kooperatives ist, ist die Anwesenheit des obersten Chefs ohne Einfluss. In diesem Fall kann er als zweiter Moderator, Berater oder Coach fungieren.

Ist das Verhältnis aber «normal» hierarchisch, ist es durchaus sinnvoll, dass die Gruppe der Bereichsleiter für die ersten anderthalb bis zwei Tage unter sich bleibt. Bei der Erarbeitung der gemeinsamen Unternehmenspyramide hingegen ist dann die Anwesenheit des Chefs umso wichtiger.

Ein heutzutage etwas seltenerer Fall ist gegeben, wenn der oberste Chef ein ganz besonders «Starker» ist. In diesen Situationen kann es gerade wegen der fachlichen, kommunikativen, persönlichkeitsbezogenen und Positionshierarchie sinnvoll sein, dass er während des ganzen Workshops als Richtungsgeber, Berater und Kontrollinstanz anwesend ist. Diese Fragen müssen in der Vorbereitung geklärt werden.

Teilnehmerfragen

Auch die Festlegung der Teilnehmer ist schon wegen der Größe des möglichen Teilnehmerkreises ein etwas aufwendigeres Vorgehen. Teilnehmen sollten alle Entscheidungsträger auf Geschäftsleitungs- und Abteilungsebene sowie ihre Stellvertreter.

Ortsfragen

Der Workshop-Ort sollte unbedingt außerhalb des Unternehmens gewählt werden. Zudem achten Sie bitte hierbei besonders darauf, dass die Arbeitsatmosphäre professionell, hell und kreativ ist. Außerdem sollte der Raum für den Workshop sehr groß sein. Auch in Bezug auf das Arbeitsmaterial ist es gut, wenn man innerhalb dieses Settings sämtliche oben erwähnten Materialien bereithält und nutzen kann.

Die Dauer

Dieses Strategieentwicklungsformat ist das umfassendste und benötigt dementsprechend die meiste Zeit. Für den gesamten Ablauf benötigt man zwei bis drei Tage. Dabei verwendet man für die Standortbestimmung anderthalb bis zwei Tage und für die gemeinsame Unternehmenspyramide einen halben bis einen ganzen Tag.

Seminarbeginn

Der erste Teil des Workshops, die Standortbestimmung, findet nun analog der Standortbestimmung aller Unternehmensbereiche im vorangehenden Abschnitt (Seite 127) statt. Die einzige Unterscheidung in der Perspektive ist, dass man bereits in den ersten anderthalb bis zwei Tagen bei der Standortbestimmung der einzelnen Bereiche das größere Ziel, nämlich die Entwicklung der gemeinsamen Unternehmenspyramide, im Hinterkopf und im Auge behalten wird.

Außerdem sind bei dieser Vorgehensweise Problem- und Konfliktlösungen in der Regel sekundär. Es geht um ein gegenseitiges Kennenlernen und mehr Verständnis für die einzelnen, sehr selbstständigen Bereiche. Deshalb ist die Stimmung innerhalb dieses Workshops meistens eine sehr optimistische und eine «Gemeinsam-packen-wirs-an-Atmosphäre».

Allerdings gibt es dafür selbstverständlich keine Garantie, weil es auch in sehr selbstständig operierenden Einzelbereichen Schwierigkeiten an den Schnittstellen zueinander geben kann. Solche Punkte sollten innerhalb dieses Settings möglichst schnell und reibungslos geklärt oder im Zweifelsfall auf bilaterale Gespräche oder später verlagert werden.

Der weitere Seminarverlauf

Nachdem die Standortbestimmung abgeschlossen ist, ist der Zeitpunkt gekommen, wo der oberste Chef, Geschäftsführer oder CEO zur Arbeitsgruppe stoßen sollte.

Die Erarbeitung der einzelnen Bereiche oder Unterfirmen soll nun gut sichtbar, entweder auf Pinnwänden oder an den Wänden des möglichst großen Raumes, aufgehängt werden. So kann sich jeder, bevor die gemeinsame Erarbeitung beginnt, in Ruhe informieren und nochmals in Erinnerung rufen, was in den einzelnen Bereichen und den einzelnen Ebenen der Pyramiden an wichtigen und interessanten Punkten bereits erwähnt worden ist.

Die einzelnen Teilnehmer können dazu einen Block zur Hand nehmen, und immer wenn sie gute Formulierungen oder notwendige Aspekte in den bereits erarbeiteten Pyramiden finden, können sie diese notieren, um sie später in die Entwicklung der gemeinsamen Unternehmenspyramide einfließen zu lassen.

Danach beginnt die große Diskussion innerhalb der Gesamtgruppe. Hierbei ist der Moderator ganz besonders wichtig, denn die Erarbeitung eines so wichtigen und grundlegenden Materials muss äußerst konstruktiv vonstatten gehen. Das wiederum ist nur möglich, wenn es während dieser Erarbeitung nicht zu größeren Konflikten zwischen den einzelnen Bereichsleitern gekommen ist.
Deshalb ist das Kommunikationstraining vorab besonders für diese Situation bedeutsam. Natürlich liegt nicht die gesamte Last der guten Atmosphäre auf dem Moderator. Gleichwohl sind hier die vermittelnden, motivierenden und konstruktiven Fähigkeiten des Moderators ganz besonders gefordert.

Werden diese Voraussetzungen, auch in Bezug auf die Stimmung, erfüllt, entsteht in der Regel bei der Arbeit ein gemeinsamer Schwung und viel Begeisterung.

Arbeitsprozesse der Gruppe
Wenn die Gruppe nun die einzelnen Ebenen erarbeitet, gibt es verschiedene Vorgehensweisen, die Inhalte festzulegen.

Brainstorming: Als ein mögliches Hilfsmittel kann man ein klassisches Brainstorming wählen, wobei jeder Beteiligte mehr oder weniger spontan seine Einfälle zurufen kann. Diese werden zunächst in der Rohfassung gesammelt und hinterher per Diskussion genauer betrachtet und ausgewählt. In einem weiteren Schritt werden die Dinge,

mit denen alle übereinstimmen können, in die neue Pyramide eingetragen.

Kartenabfrage: Falls es Teilnehmer gibt, die sich nicht sehr aktiv an
der Erarbeitung beteiligen, ist es ebenfalls möglich, eine Kartenabfrage
abzuhalten. Dadurch ist gewährleistet, dass jeder seine Inhaltsvor-
schläge schriftlich zu jeder Ebene beifügen kann. Jeder trägt auf Kärtchen in Stichworten seine Ideen zur jeweiligen Ebene der Pyramide ein
und übergibt sie dem Moderator. Im Anschluss daran werden diese
Karten an Pinnwände genadelt und geklustert. Danach werden die Ergebnisse diskutiert, und es wird festgelegt, welche Elemente in die neue
Gesamt-Unternehmenspyramide übernommen werden sollen.

Prüfung aller Ebenen: Eine dritte interessante Möglichkeit innerhalb
dieses Settings ist die Vorgehensweise, Elemente aus den bereits erarbeiteten Pyramiden zusammenzutragen. Dazu geht man nacheinander
jede der vorhandenen Pyramiden durch. Oder man geht jeweils eine
Ebene in allen Pyramiden durch und entscheidet, welche Elemente unbedingt in der Gesamtpyramide enthalten sein müssen. Hierzu sind die
Hilfsmittel, die Sie im Abschnitt «Bewertungen der Inhalte» (Seite 112)
finden, sehr geeignet.

Wenn diese Entscheidungen getroffen sind, können die jeweiligen Ein-
zelaspekte direkt in die neue Gesamtpyramide übernommen werden.
Zum Abschluss stellt sich die Gruppe noch die Frage: Was ist neben
dem, was bereits erarbeitet wurde, ebenfalls so wichtig, dass man es unbedingt in die Gesamtpyramide aufnehmen muss?

Wenn sämtliche Ebenen der Pyramide erarbeitet sind, geht es darum, Maßnahmen festzulegen, um das Erarbeitete in der Praxis umzusetzen. Als Folge erhält jeder oder eventuell auch nur ein Teil der anwesenden Bereichs- oder Unternehmensleiter ein Paket mit Aufgaben,
um das theoretisch Besprochene in der Praxis real werden zu lassen.

Zu guter Letzt sollte eine angehobene, motivierte Stimmung erzielt worden sein, und ein kleines Fest bildet den angemessenen Abschluss.

Besonderheiten der Struktur
Ist diese Seminarstruktur für den Workshop bindend? Natürlich nicht. Es wär auch möglich, dieses Format in drei «Bausteine» aufzuteilen:

- Zunächst erfolgt ein Kommunikationstraining mit oder ohne Chef.
- Danach werden die Bereichspyramiden im Team der Bereichsleiter entwickelt.
- Zu guter Letzt und durchaus mit einem gewissen Abstand zu den anderen Bausteinen erfolgt die Erarbeitung der gemeinsamen Pyramide. Die Diskussionen, die in den Zwischenphasen auftreten werden und sollen, können sehr fruchtbar für die Erarbeitung des Gesamtergebnisses sein.

Bei einer Verlängerung dieses Diskussionsprozesses ist die Chance der Entwicklung vieler Gemeinsamkeiten sehr hoch. Anzumerken ist außerdem, dass das gerade beschriebene Setting auch in umgekehrter Reihenfolge stattfinden kann.

In diesem Fall wird zunächst die gemeinsame Unternehmenspyramide erarbeitet. Im zweiten Schritt werden die Vorgaben der gemeinsamen Unternehmenspyramide in den Pyramiden der unterschiedlichen Bereiche umgesetzt. Diese Vorgehensweise wird ebenfalls sehr häufig gewählt. Sie finden ein Praxisbeispiel dazu in Kapitel II, und zwar das Beispiel der Firma Ott Hydrometrie (Seite 54).

Ist-Soll-Vergleiche

Die Unternehmenspyramide kann hervorragend für Ist-Soll-Verglei-
che verwendet werden. Soll also ein ganzes Unternehmen, einige Bereiche oder auch eine einzelne Abteilung einer kritischen und konstruktiven Analyse unterzogen werden, eignet sich die Arbeit mit der
Unternehmenspyramide dazu ausgezeichnet.

Der Ist-Zustand

Zuerst wird in ein Pyramidenschema die derzeitige Situation mit allen
wichtigen Plus- und Minus-Aspekten eingetragen – als reine Ist-Defi-
nition. Dazu müssen alle Beteiligten besonders ehrlich und konstruktiv sein.

Befindet sich zum Beispiel ein Unternehmen in einer Situation, in
der alle Beteiligten um sein Überleben fürchten und man sich im Wesentlichen mit Not- und Rettungsmaßnahmen beschäftigt, muss dies
ehrlich in die Aussagen in der Pyramide einfließen.

In diesem Fall könnte die VISION lauten: «Wir wollen überleben.»

Ich habe eine solche Unternehmensvision in einem anderen Zusammenhang zwar als zu negativ bezeichnet, aber in einer außerge-
wöhnlichen, bedrohlichen Situation kann es gegebenfalls die richtige,
positive Orientierung für Management und Belegschaft bedeuten, vor
allem unter dem Gesichtspunkt, dass nur die vorurteilslose Beschreibung eines Ist-Zustandes Voraussetzungen für eine positive Rettungs-
maßnahme schaffen kann. Beschönigungen haben in einer Krisensitu-
ation keinen Platz.

Die IDENTITÄT könnte dann «Wir sind ein angeschlagenes Unternehmen» heißen. Die WERTE, die zurzeit gelebt werden, sind dann bei-

spielsweise Sparsamkeit, Vorsicht, Tradition und Sicherheit. In den GLAUBENSSÄTZEN finden sich Gedanken wie: «Wir sind auf dem absteigenden Ast», «Der Markt oder die Konjunktur sind schlecht», «Die Lage ist unsicher», alles Inhalte, die unter normalen Bedingungen als zu negativ abgelehnt werden müssten. Auch die Ziele sind in diesem Fall defensiv. Die FÄHIGKEITEN werden mit Sicherheit nicht voll genutzt, und die TÄTIGKEITEN werden mit geringer Motivation erledigt. Schließlich wird die UMGEBUNG, besonders der Markt oder die Wirtschaftslage, als ungünstig angesehen.

Gleichwohl gibt es garantiert selbst in der Ist-Analyse positive Punkte. Natürlich werden auch diese notiert. Es soll schließlich ein ehrliches, aber gleichzeitg ein konstruktives Vorgehen sein. Und eine Situation ohne jede Möglichkeit gibt es nicht.

Darüber hinaus fordert ein Ist-Soll-Vergleich in einer kritischen Situation, dass das Team oder die Einzelperson, die damit arbeitet, die negativen Aspekte möglichst neutral, losgelöst und ohne Emotionen betrachten muss. Gelingt dies, kann man aus der normalen, sicherlich belastenden Froschperspektive der aktuellen Alltagssorgen aufsteigen. Aus dieser Distanz lassen sich unter Umständen ganz neue, überraschende, aber auf jeden Fall kreative, erfolgversprechende Lösungen entwickeln, planen und umsetzen.

Der Soll-Zustand

Praktisch bedeutet das, dass nach der Bestimmung der Ist-Situation ein neues, leeres Pyramidenschema genommen wird. In der vorherigen Diskussion haben sich sicherlich schon einige Verbesserungsideen abgezeichnet. Auf diesen baut man nun auf und formuliert eine komplett neue und natürlich sinnvolle Pyramide.

Dazu wird mit jener Ebene begonnen, für die bereits die besten Lösungsideen angedacht sind. Im Fall der bereits erwähnten Großpumpenfirma (Seite 54) war das die Ebene der IDENTITÄT. Mit der neuen Definition als exzellentes Ingenieurunternehmen eröffneten sich in allen Bereichen deutlich mehr erfolgversprechende Möglichkeiten.

Es wäre ebenfalls möglich, mit neuen ZIELEN zu beginnen oder damit neue Tätigkeiten beziehungsweise Dienstleistungen anzubieten. Vielleicht ist auch ein Standortwechsel, das heißt eine Veränderung der Umgebung, eine hervorragende Möglichkeit, um der Krise und den damit einhergehenden negativen Denk- und Verhaltensweisen zu entkommen.

Von der jeweils nützlichsten und sinnvollsten Ebene der Pyramide aus werden dann die Neuerungen erarbeitet, die sich für die anderen Ebenen ergeben.

Es sei nochmals besonders darauf hingewiesen, dass alle Beteiligten in einer solchen Ist-Soll-Format-Situation sehr konstruktiv und gemeinsam an der neuen Strategie arbeiten sollten, damit durch diese Aktivität bereits ein deutlicher Einstellungswechsel in der Führung des Unternehmens stattfindet. Dazu kann und muss ein guter Moderator maßgeblich beitragen. Und ebenfalls betont werden muss, dass der Ist-Soll-Vergleich natürlich nicht nur bei manifesten Krisen sinnvoll ist, sondern auch dann, wenn es um eine allgemeine Neuorientierung geht.

Das Ist-Soll-Format kann innerhalb fast aller oben beschriebener Settings durchgeführt werden. Nur der Kurz-Workshop «zur gegenseitigen Information»ist deshalb weniger sinnvoll, weil man sich für schwierige Aufgaben einfach mehr Zeit lassen muss und will.

Ganz besonders geeignet ist die «Entwicklung einer gemeinsamen Unternehmenspyramide» (Seite 118) und die «Standortbestimmung plus gemeinsame Unternehmenspyramide» (Seite 133). In beiden Settings geht es um das ganze Unternehmen. Den zusätzlichen Aufwand für das Ist-Soll-Format benötigt man im Wesentlichen in kritischen Situationen. Und dabei betreffen notwendige Veränderungen in mittelständischen Unternehmen meistens die ganze Firma.

Bemerkenswerte «Nebeneffekte» der Strategieentwicklung:

Rein äußerlich sind Erarbeitung und Diskussion einer Unternehmenspyramide nicht besonders «aufregend». Die Gruppe sitzt in einem Halbkreis vor einem Flipchart oder einer Pinnwand. Eventuell steht der Trainer oder ein anderer Präsentator daneben. Von außen gesehen passiert für Stunden nicht mehr als das. Für die Teilnehmer ist ein solcher Workshop gleichwohl äußerst spannend. Die Arbeitsweise ist klar, gelassen, konzentriert, respektvoll, konstruktiv, inspirierend und interessant.

Klarheit
Die Klarheit entsteht für die Beteiligten dadurch, dass jeder Teilnehmer seine naturgemäß komplexe Situation auf den und durch die verschiedenen Ebenen der Pyramide visualisiert sieht.

In der Regel sind die Teilnehmer überrascht, mit wie wenig Worten und Sätzen eine gesamte Abteilung oder ein ganzes Unternehmen dargestellt werden kann und quasi, wie im Raum stehend, sichtbar wird. Das liegt daran, dass zwar jede Ebene denselben Gegenstand, nämlich die Firma oder den Bereich, beschreibt, aber jeweils unter einem anderen logischen Blickwinkel. Dadurch gewinnt die Darstellung eine erlebbare Mehrdimensionalität. Es ist immer wieder faszinierend, diesen Effekt bei der Strategieentwicklung mit der Unternehmenspyramide zu beobachten. Die Ebenen der Unternehmenspyramide werden deshalb sehr treffend als die «logischen Ebenen» bezeichnet.

Ein weiterer Aspekt, der das Erleben von Klarheit bewirkt, ist die Tatsache, dass alle Gesprächspartner in dieselbe Richtung schauen und auf dasselbe Objekt konzentriert sind. Dadurch sind nämlich die Standpunkte und Äußerungen der anderen leichter nachvollziehbar. Man spricht miteinander und nicht gegeneinander oder aneinander vorbei.

Gelassenheit bei der Analyse und Diskussion der Pyramiden entsteht besonders durch das strukturierte Vorgehen von Ebene zu Ebene und oft auch von Pyramide zu Pyramide. Die (meist) auf Flipchart visualisierte Situation wird Schritt für Schritt betrachtet, analysiert und optimiert. Dabei nimmt das innere Auge automatisch die Parallelen und Bezüge zum realen Alltag wahr. Auch längere Gespräche über einen Punkt bewirken dadurch Gelassenheit statt Langeweile, weil alle Beteiligten ständig im eigenen Kopf mit wichtigen eigenen Gedanken zum aktuellen Thema beschäftigt sind.

Letzteres führt direkt zum nächsten bemerkenswerten «Nebeneffekt»: nämlich zur Konzentration. Der Übergang von einer Ebene zur nächsten, vom «Luftigsten» und Idealistischsten, der VISION, bis zum Konkretesten und Anfassbaren, den täglichen Aktionen und der UMGEBUNG, fordert und fördert gleichzeitig die Konzentration. Jeder Anwesende ist gewissermaßen gezwungen, vernetzt zu denken, und dies ist ohne Konzentration auf das Thema gar nicht möglich.

Respekt

Ein besonders wichtiger Aspekt dieser Aufzählung ist der Respekt. Die Projektion der Situation eines (eventuell kritischen) Unternehmensbereiches auf ein Flipchart oder eine Pinnwand schafft Distanz und Überblick. Die Person des verantwortlichen Leiters bleibt losgelöst davon. Dadurch bezieht sich mögliche Kritik auf die Sache und nicht die Person. Die Pyramide hat den Vorteil, dass einerseits nur Stichworte vorhanden sind, diese Stichworte aber gleichzeitig die (eventuell negative) Situation in einem Bereich sehr deutlich spiegeln, ohne die Bereichsleiter bloßzustellen.

Die VISION, IDENTITÄT, die WERTE und Ziele sind per Definition positive Punkte. So werden selbst Probleme in diesem konstruktiven Rahmen betrachtet, und zerstörerische Kritik wird ausgeschlossen oder wenigtens abgefedert.

GLAUBENSSÄTZE, FÄHIGKEITEN, TÄTIGKEITEN und UMGEBUNG können negative Anteile haben. Gleichzeitig sind sie aber nie nur negativ, sondern haben meist überwiegend positive Anteile. Die Pyramide zeigt dies deutlich und fördert auch dadurch den respektvollen Umgang innerhalb der Diskussion.

Schließlich ist die Tatsache, dass in die Unternehmenspyramide nur Stichworte oder kurze Sätze eingetragen werden, ein Schutz vor respektlosem Umgang oder zu persönlicher Kritik bei der Diskussion im Führungsteam. Diese Situation und die möglichen Schwierigkeiten werden zwar deutlich, aber die knappe Formulierung sorgt dafür, dass niemand bloßgestellt wird. Alle erwähnten Punkte lassen die Teilnehmer die Erfahrung machen, dass man gleichzeitig offen und ehrlich sowie respektvoll zusammenarbeiten kann. Diese Arbeitsweise ist natürlich später auch in der Diskussion mit den eigenen Mitarbeitern beispielhaft und nützlich.

Motivation
Konstruktivität ist ein weiterer erfreulicher und spürbarer Effekt in einem Strategie-Workshop mit der Unternehmenspyramide. Der bereits oben erwähnte Aspekt der grundsätzlichen Positivität der VISION, der IDENTITÄT, der WERTE und ZIELE fördert das Denken in konstruktiven Lösungen statt in Problemzuschreibungen.

146

Die dualen, also positive und negative Elemente enthaltenden Bereiche zeigen durch die sichtbare Dualität sehr schnell, dass eine potenzielle Lösung für ein Problem vorhanden ist, und gestalten so das Denken und Handeln der anwesenden Führungskräfte konstruktiver.

Inspiration

Vielleicht merken Sie jetzt schon, wie der nächste bemerkenswerte «Nebeneffekt» sich in Ihnen breit macht: die Inspiration.

Dazu kommt, dass besonders die Beschäftigung mit der VISION und den WERTEN jeden Menschen inspiriert und motiviert. Es sind jene Elemente, die dem Alltäglichen die Tiefe, die Höhe, den Sinn und die größere Dimension schenken.

Vielleicht kennen Sie das Beispiel von den Arbeitern im Steinbruch. Der erste hockt dort und klopft missmutig in gebeugter Haltung und mit griesgrämigem Gesicht auf die Steine ein. Als er gefragt wird, was er denn da macht, antwortet er: «Sehen Sie doch, ich klopfe Steine.» Und hämmert weiter.

Der zweite sieht nicht gerade glücklich aus, aber auch nicht so verhärmt wie der erste. Er beantwortet die Frage mit: «Ja, sehen Sie doch, ich verdiene hier mein Geld.»

Der dritte schlägt mit kräftigen, entspannten Bewegungen, hier und da flötend und lächelnd, einen Stein nach dem anderen in die richtige Form. Als er gefragt wird, was er denn da mache, strahlt er: «Ja, schauen Sie nur, ich baue hier an einer Kathedrale.»

In gleicher Weise bringt die Entwicklung und Kommunikation der Unternehmenspyramide Inspiration in den geschäftlichen Alltag.

Dass es interessant sein kann, in einem Workshop zusammenzuarbeiten, muss nun fast nicht mehr begründet werden.

Neben allem bereits Erwähnten gibt es noch einen anderen Aspekt, der die Arbeit interessant für das Führungsteam oder eine Abteilung macht. Die Nebeneinanderstellung der einzelnen Bereiche in Form der Bereichspyramiden oder der Pyramiden aller Teammitglieder bildet die ganze größere Einheit ab. Dies ist für alle ein weiterer höchst interessanter Blickwinkel.

Die «heimliche» und sich steigernde Begeisterung, die (hoffentlich) beim Lesen dieses Abschnittes in Ihnen aufgekommen ist, ist innerhalb eines Workshops selbstverständlich noch deutlicher und greifbarer. Schon wegen der «Nebeneffekte» lohnt sich also die Arbeit mit der Unternehmenspyramide – und das ist, zum Glück, ja längst nicht alles, was sich daraus ergibt.

Die Unternehmenspyramide als Führungstool

Abschließend soll auf die unterschiedlichen Möglichkeiten eingegangen werden, mit denen die Unternehmenspyramide als Führungstool eingesetzt werden kann:

Auch ohne Team
Die Unternehmenspyramide eignet sich ganz allgemein zur Vermittlung von Inhalten an Führungskräfte: In einem Seminar mit Unternehmenspyramide ist es nicht notwendig, dass ein komplettes, im Alltag zusammenarbeitendes Team von Führungskräften anwesend ist.

Stattdessen können auch einzelne Führungskräfte aus Firmen oder Bereichen, die nichts miteinander zu tun haben, die Pyramide kennen lernen und für sich nutzen. Erst im zweiten Schritt wenden sie sie in ihrer realen Arbeitsumgebung mit ihren Mitarbeitern oder mit Führungskollegen an.

Kurzanalyse und Einbeziehung der Mitarbeiter

Die Manager können die Unternehmenspyramide selbst im meist überfüllten Geschäftsalltag schnell und einfach ausfüllen und zur Analyse nutzen. Daraus leiten sie Schlussfolgerungen für ihren Bereich ab und informieren darüber. Oder: Führungskräfte können ihre Mitarbeiter in Entscheidungsprozesse einbeziehen, indem sie die Pyramide gemeinsam mit ihrem Team betrachten.

Für alle Bereiche

Ein weiterer Vorteil bei der Arbeit mit der Unternehmenspyramide ist die Tatsache, dass man sie in allen Bereichen eines Unternehmens einsetzen kann. Das heißt, alle Führungskräfte nutzen die gleichen Ideen und Begriffe. Praktisch kann man damit starten, dass die Geschäftsleitung eine Gesamtstrategie entwickelt. Als Nächstes erarbeitet die folgende hierarchische Ebene ihre Bereichspyramiden. Diese müssen die Gesamtstrategie unterstützen, fördern und umsetzen. Jede weitere Stufe in der Hierarchie kann dann wiederum mit dem gleichen Tool ihre Strategie so festlegen, dass sie die Bereiche, die ihr übergeordnet sind, optimal fördert. Eine solche Vorgehensweise sorgt dafür, dass alle Teile eines Unternehmens an einem Strang ziehen.

Auch Teile nützlich

Unter bestimmten Bedingungen ist es möglich, nur mit den so genannten «Softfacts» zu arbeiten; das sind innerhalb der Pyramide die VISION, die IDENTITÄT, die WERTE und die GLAUBENSSÄTZE. Sie eignen sich besonders dazu, Einstellungen einzelner oder mehrerer Mitarbeiter oder Führungskräfte zu erfassen, um Gemeinsamkeiten und Unterschiede herauszukristallisieren. So lassen sich Schlüsse für das Teambuilding ziehen und die Zusammenarbeit und Kommunikation verbessern.

Um Kunden das Unternehmen vorzustellen, sind die vier oberen Ebenen der Unternehmenspyramide ebenfalls sehr gut geeignet.

Individuelle und kollektive Motivationsquelle
Hat man die Unternehmenspyramide für eine Abteilung erstellt, kann jedes Mitglied des Arbeitsteams das eigene oder das Verhalten der anderen im Alltag mit der Pyramide abgleichen. So kann man sich gegenseitig anspornen, die meist hohen Ansprüche in die Tat umzusetzen. Dafür muss eine gute Kommunikation und Vertrauen im Team vorhanden sein. Im Praxisbeispiel aus einer Großbank (Seite 86) wird die Unternehmenspyramide unter anderem auf diese Weise genutzt.

Man kann die Unternehmenspyramide auch «nur» zur Motivation nutzen. Dazu vergegenwärtigen sich die Führung des entsprechenden Bereiches und die Mitarbeiter die begeisternden Punkte immer wieder in Besprechungen und Meetings. So kann sich der motivierende «Geist», der in der Pyramide festgehalten ist, ausbreiten.

Basis für Zielvereinbarungsgespräche
In Zielvereinbarungsgesprächen kann die Pyramide ebenfalls hervorragend eingesetzt werden. Zum Beispiel legt man ein OPERATIVES ZIEL für den oder mit dem Mitarbeiter fest. Dann arbeitet man sich auf den Ebenen nach unten und oben und hält fest, in welchem Bereich der Mitarbeiter eventuell Veränderungen vornehmen muss, um das Ziel sicher zu erreichen.

Kapitel IV

Anleitung zum Erfolgreichsein: Neun Schritte zu Ihrer eigenen Unternehmenspyramide

In diesem Kapitel werden Sie, liebe Leserin, lieber Leser, angeleitet, eine Unternehmenspyramide für Ihr eigenes Unternehmen zu erstellen.

Dabei spielt es keine Rolle, ob Sie eine Ein-Personen-Firma oder ein größeres mittelständisches Unternehmen sind.

Bevor Sie die Checklisten durchschauen, sollten Sie Ihre Pyramide unbedingt zuerst mit Ihren eigenen Ideen füllen. So erhalten Sie ein authentisches Ergebnis. Erst danach lesen Sie bitte die Checklisten, um eventuelle Lücken in Ihrer eigenen Darstellung zu schließen.

Wer, wie, wann, wo, wie lange auf welche Art und Weise?

Vorab empfehle ich Ihnen (in Ihrer Rolle als Chef oder als Einzelunternehmer oder als Mitglied in einem Vorbereitungsteam), sich zu folgenden Stichpunkten Gedanken zu machen. Bitte legen Sie in dieser Vorbereitung für jeden Schritt fest, worum es gehen soll oder was Sie vorhaben. Halten Sie bitte alles schriftlich fest. Selbstverständlich können Sie dort, wo es nötig ist, auch die Zuständigkeiten für die Aufgaben verteilen.

Zur leichteren Orientierung sind hier die Stichpunkte zusammengetragen – Sie können Ihre Stichworte darunter setzen.

1. Der Blick auf die Situation des Unternehmens

_____

_____

_____

2. Die Ziele der Strategieerarbeitung

_____

_____

_____

_____

3. Die Festlegung der Teilnehmer

_____

_____

_____

_____

4. Die Auswahl des Workshop-Ortes

_____

_____

_____

_____

5. Die Bereitstellung des Arbeitsmaterials

_____

_____

_____

_____

6. Die Definition von Zeitrahmen und Termin

_____

_____

_____

_____

_____

7. Ein Ausblick auf die Verarbeitung und Nutzung der Ergebnisse

_____

_____

_____

_____

_____

Wenn Sie diese Vorbereitung abgeschlossen haben, legen Sie nun bitte fest, in welchen Schritten Sie mit der Pyramide arbeiten wollen. Dazu können Sie entweder eines der vorn (Kapitel III, Seite 95ff.) beschriebenen Formate verwenden, oder Sie lassen sich von diesen nur inspirieren und kreieren selbst ein für Ihre Situation passendes Vorgehen.

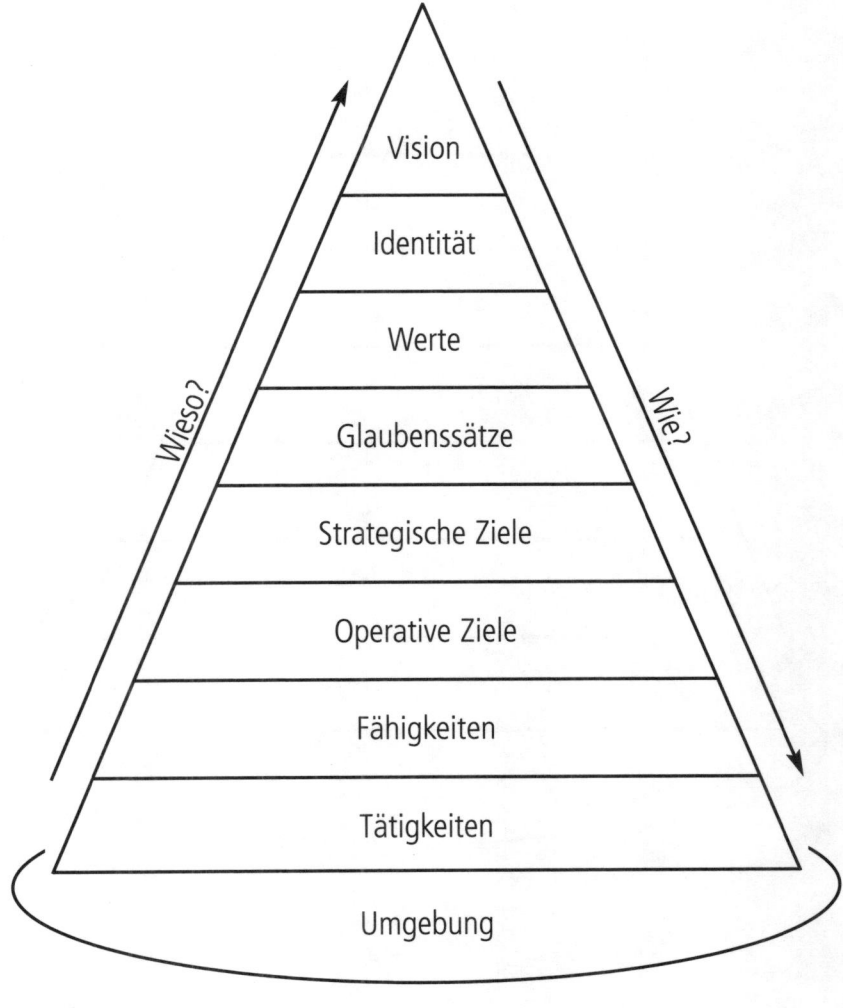

Pyramide

Diese Abbildung können Sie vergößern und als Schema zum Ausfüllen benutzen.

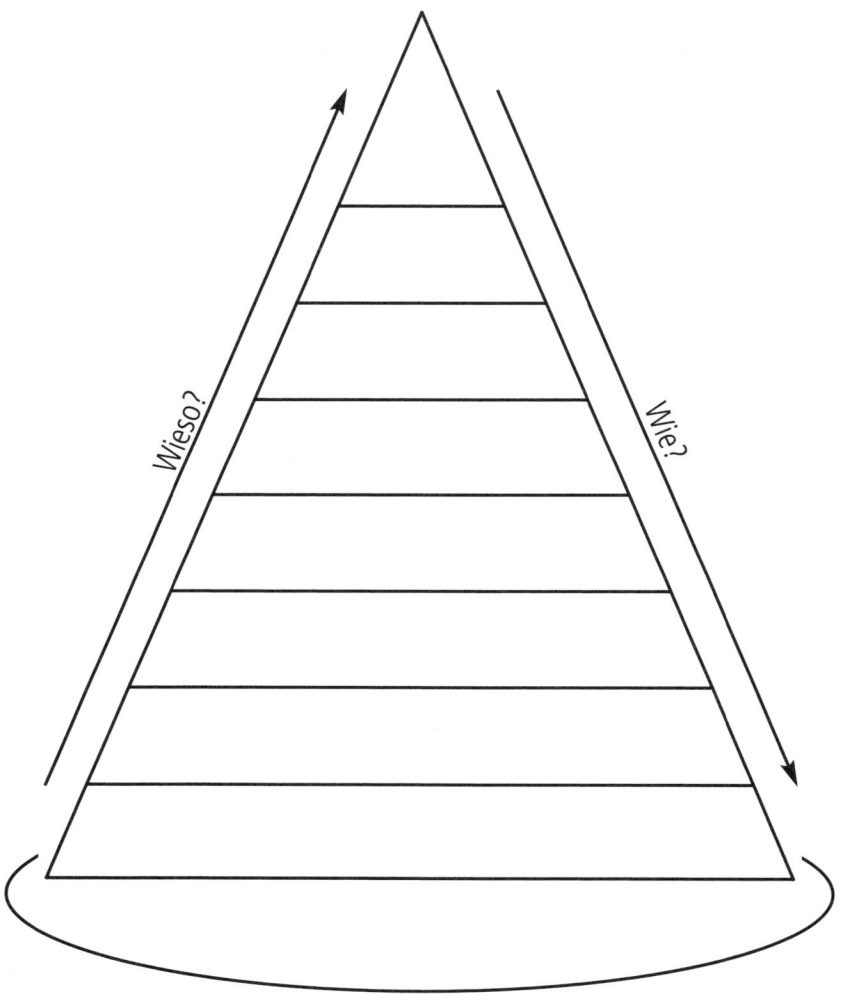

Checklisten für die neun Ebenen

Auf den folgenden Seiten finden Sie Checklisten mit Stichwörtern, mit deren Hilfe Sie leichter die für Sie relevanten Inhalte Ihrer eigenen Pyramide entwickeln können.

Selbstverständlich können die Listen nicht alle Elemente, Bereiche und Aussagen enthalten, die für Sie oder jeden anderen Leser in der individuellen Unternehmenspyramide wichtig, notwendig und passend sind. Die folgenden Sammlungen sind also als Ihre eigene Kreativität ergänzende Beispiele und Strukturierungshilfen zu verstehen.

Checkliste für die Umgebung

Die physischen Gegebenheiten rund um das Unternehmen:
- [ ] am Fluss
- [ ] im Tal
- [ ] auf der Höhe
- [ ] auf einer Fläche
- [ ] im Wald
- [ ] in der Stadt
- [ ] im Industriegebiet
- [ ] im Wohngebiet
- [ ] in welchem Land
- [ ] die Ausdehnung der Anlage
- [ ] die Straßen und Verkehrsverhältnisse um das oder die Gebäude
- [ ] die größere Verkehrsinfrastruktur
  - [ ] Straße
  - [ ] Schiene
  - [ ] See- und Wasserwege
  - [ ] Flughäfen und Landeplätze

_____

_____

_____

Die physischen Gegebenheiten im Unternehmen:

- [ ] Raumgrößen
- [ ] Helligkeit
- [ ] Art der Beleuchtung
- [ ] Raumaufteilung
- [ ] Pausen- und Aufenthaltsräume
- [ ] Sitzungszimmer
- [ ] Größe der Arbeitsplätze
- [ ] Dichte der Arbeitsplätze
- [ ] Mobiliar
- [ ] Ausstattung mit Arbeitshilfsmitteln und Maschinen
    - [ ] Mechanische Geräte
    - [ ] Technische Maschinen und Geräte
    - [ ] EDV-Anlagen und Geräte
    - [ ] Zu verarbeitende Rohstoffe
- [ ] Belästigungsquellen am Arbeitsplatz
    - [ ] Lärm
    - [ ] Hitze/Kälte
    - [ ] Geruch, Luftqualität
    - [ ] Wasserqualität
    - [ ] Wetter
    - [ ] Bodenbeschaffenheit
    - [ ] Schadstoffe

Personalrelevante Gegebenheiten:

- [ ] Ausbildungsstand möglicher Mitarbeiter
- [ ] Aus- und Fortbildungsmöglichkeiten
- [ ] Sozialrechtliche Anforderungen
  - [ ] Finanzielle
  - [ ] Strukturelle
  - [ ] Mitspracherechte
- [ ] Einkaufs-, Essens-, Vergnügungs-, Freizeit und Kulturmöglichkeiten für Mitarbeiter
- [ ] Aktuelle und langfristige Arbeitsmarktlage
- [ ] Gesellschaftliche und religiöse Gewohnheiten und Gegebenheiten
- [ ] Stimmung im Unternehmen
- [ ] Arbeitsein- und -zuteilung
- [ ] Kontrollen
- [ ] Art der Führung
- [ ] Freizeitaktivitäten mit Kollegen und Chefs
- [ ] Gesprächskultur
- [ ] Interner Wettbewerb
- [ ] Arbeitskleidung
- [ ] Kleidungsstil
- [ ] Zusammensetzung von Arbeitsteams
  - [ ] Ausbildungsstand
  - [ ] Alter
  - [ ] Frauen/Männer
  - [ ] Herkunft

_____

_____

_____

Finanzielle Situation:
- ☐ Währungen und Wechselkurse
- ☐ Steuern und Abgaben
- ☐ Finanzkraft des Wettbewerbs

_____

_____

_____

Marktsituation:
- ☐ Expandierender, stagnierender, rückläufiger Markt
- ☐ Größe im Vergleich zu Mitbewerbern
- ☐ Attraktivität und Ruf des Unternehmens im Markt
- ☐ Attraktivität als Arbeitgeber
- ☐ Alter oder neuer Markt
- ☐ Produzent, Dienstleister, Handel, Banken und Versicherungen

_____

_____

_____

Zeitfaktoren:

☐ Zeitliche Arbeitseinteilung
☐ Tages- und Jahresarbeitszeit
☐ Zeitzonenverschiebungen zu
    ☐ Mitarbeiterkollegen
    ☐ Standorten
    ☐ Kunden
    ☐ Lieferanten

_____

_____

_____

Entfernungen:

☐ Mitarbeiter zum Unternehmen
☐ Mutterhaus und Standorte
☐ Zu Kunden
☐ Zu Ressourcen
☐ Zu Lieferanten

_____

_____

_____

Checkliste für die Tätigkeiten

Die Checkliste der TÄTIGKEITEN soll Ihnen, wie die anderen Sammlungen auch, Anregungen geben. Sie soll Sie unterstützen, möglichst einfach und schnell jene TÄTIGKEITEN ausfindig zu machen, die für die Situation Ihres Unternehmens relevant sind und in Ihre Unternehmenspyramide eingetragen werden sollten. Die Liste ist nicht fix und kann in jeder Weise verändert werden.

Mit dem Begriff «relevant» ist gemeint, dass diese TÄTIGKEITEN in Ihrem Rahmen sehr wichtig oder zurzeit gerade als kritisch einzustufen sind. Die wichtigen TÄTIGKEITEN zeichnen unter anderen das Bild Ihres Unternehmens. Die kritischen Punkte zeigen Bereiche für mögliche Veränderungen auf. Wenn Sie zum Beispiel ein Reinigungsunternehmen haben, könnte es sein, dass Sie durch die Eröffnung einer neuen Zweigstelle mit ganz besonders anspruchsvollen Kunden konfrontiert werden. Dadurch kann die bisher unspektakuläre Tätigkeit des Putzens zu einer kritischen werden, die eine Veränderung dieser Tätigkeit verlangt.

Zum Beispiel könnten Sie einen besonderen Service nur mit Bioprodukten anbieten oder Spezialreinigungen für hochwertige Materialien. Natürlich hat dies auch Auswirkungen auf die FÄHIGKEITEN, die Ihre Mitarbeiter besitzen müssen, sowie auf weitere Ebenen der Unternehmenspyramide.

So kann die Betrachtung einer Tätigkeit eine Veränderung im ganzen Unternehmen in Gang setzen.

Noch ein Tipp: Falls Sie eine noch größere Anzahl von Tätigkeiten in Augenschein nehmen möchten, schauen Sie einfach in einem Wörterbuch nach den Verben. Auch der Duden, Band 8: «Die sinn- und sachverwandten Wörter», ist in diesem Zusammenhang sehr hilfreich.

TÄTIGKEITEN beim Managen:

- [ ] abberufen
- [ ] fordern
- [ ] fördern
- [ ] erklären
- [ ] kontrollieren
- [ ] abgrenzen
- [ ] telefonieren
- [ ] schreiben
- [ ] diktieren
- [ ] informieren
- [ ] kommunizieren
- [ ] verhandeln
- [ ] präsentieren
- [ ] erinnern
- [ ] nachfassen
- [ ] planen
- [ ] überzeugen
- [ ] nachdenken
- [ ] kreativ sein

_____

_____

_____

TÄTIGKEITEN beim Administrieren:

- [ ] bezahlen
- [ ] buchen
- [ ] erfassen

- [ ] auswerten
- [ ] gliedern
- [ ] schreiben
- [ ] rechnen
- [ ] besprechen
- [ ] darstellen
- [ ] lernen

TÄTIGKEITEN bei der Rohstoffgewinnung:
- [ ] abbauen
- [ ] anbauen
- [ ] abbrennen
- [ ] ernten
- [ ] forsten
- [ ] fördern
- [ ] bohren
- [ ] sieben
- [ ] reinigen
- [ ] verpacken
- [ ] verladen
- [ ] transportieren

TÄTIGKEITEN beim Produzieren:

- [ ] hobeln
- [ ] kleben
- [ ] polieren
- [ ] sägen
- [ ] testen
- [ ] abbremsen
- [ ] abfackeln
- [ ] drehen
- [ ] programmieren
- [ ] fräsen
- [ ] schleifen
- [ ] verpacken
- [ ] pressen
- [ ] zusammensetzen
- [ ] polieren
- [ ] nähen
- [ ] schneiden
- [ ] löten
- [ ] schweißen
- [ ] gefrieren

_____

_____

_____

TÄTIGKEITEN beim Gestalten und im Handwerk:

- [ ] bauen
- [ ] abreißen
- [ ] graben
- [ ] abbrühen
- [ ] abdämmen
- [ ] abfassen
- [ ] abfedern
- [ ] abfeilen
- [ ] formen
- [ ] graben
- [ ] hobeln
- [ ] malen
- [ ] montieren
- [ ] gestalten
- [ ] entwerfen

_____

_____

_____

TÄTIGKEITEN beim Dienstleisten:

- [ ] bestellen
- [ ] checken
- [ ] abdecken
- [ ] erziehen
- [ ] beladen
- [ ] stapeln
- [ ] lagern

- [ ] fahren
- [ ] fegen
- [ ] abfertigen
- [ ] versichern
- [ ] abhorchen
- [ ] kaufen
- [ ] heilen
- [ ] pflegen
- [ ] dienen
- [ ] brausen
- [ ] besprechen

_____

_____

_____

TÄTIGKEITEN beim Forschen und Entwickeln:

- [ ] messen
- [ ] sammeln
- [ ] beobachten
- [ ] zeichnen
- [ ] berechnen
- [ ] analysieren
- [ ] vergleichen
- [ ] testen
- [ ] synthetisieren

TÄTIGKEITEN beim Einkauf:

- [ ] Angebote einholen
- [ ] vergleichen
- [ ] bewerten
- [ ] verhandeln
- [ ] abschließen
- [ ] archivieren
- [ ] kontrollieren

TÄTIGKEITEN beim Verkaufen:

- [ ] Kunden ausfindig machen
- [ ] kontaktieren
- [ ] interessieren
- [ ] analysieren
- [ ] Angebote erarbeiten
- [ ] Preise festsetzen
- [ ] verhandeln
- [ ] durchsetzen
- [ ] Einwände kennen
- [ ] behandeln

☐ Verträge schreiben
☐ abschließen
☐ sich bedanken
☐ Kunden betreuen

_____

_____

_____

TÄTIGKEITEN in der Logistik:
☐ beschaffen
☐ transportieren
☐ auspacken
☐ prüfen
☐ demontieren
☐ lagern
☐ bereitstellen
☐ verpacken
☐ versenden
☐ verzollen

_____

_____

_____

Checkliste für die Fähigkeiten

Die FÄHIGKEITEN eines Unternehmens stimmen weitgehend mit den TÄTIGKEITEN überein. Teilweise kann man die Verben der TÄTIGKEITEN zu Substantiven machen, um eine Fähigkeit zu beschreiben. Andere Verben kann man mit Adjektiven (gut, sehr gut) versehen und sie so einer FÄHIGKEIT anpassen. Auch die Einteilung der Bereiche von FÄHIGKEITEN und TÄTIGKEITEN sind gleich. Es gibt Management-, Administrations- oder Verkaufstätigkeiten sowie FÄHIGKEITEN zu diesen Kategorien.

Wegen dieser großen Ähnlichkeiten ist im Folgenden die gleiche Liste wie bei den TÄTIGKEITEN noch einmal abgedruckt.

Beachten Sie bitte: Wenn Sie FÄHIGKEITEN aus dieser Liste in Ihre Pyramide übernehmen, sehen Sie sich bitte die Auswahlkriterien an. Nur solche TÄTIGKEITEN sollten auch als FÄHIGKEITEN auftauchen, die notwendig sind, um das Bild des Unternehmens deutlich zu zeichnen, und die besondere Leistungen oder Qualifikationen des Unternehmens darstellen. Genannt werden sollen auch kritische FÄHIGKEITEN, also FÄHIGKEITEN, die nicht ausreichend vorhanden sind oder nicht genutzt werden und trotzdem Geld kosten. Eine Diskussion über die Unterschiede zwischen TÄTIGKEITEN und FÄHIGKEITEN finden Sie auf Seite 32f.

FÄHIGKEITEN beim Managen:
- ☐ abberufen
- ☐ fordern
- ☐ fördern
- ☐ erklären
- ☐ kontrollieren
- ☐ abgrenzen
- ☐ telefonieren

- ☐ schreiben
- ☐ diktieren
- ☐ informieren
- ☐ kommunizieren
- ☐ verhandeln
- ☐ präsentieren
- ☐ erinnern
- ☐ nachfassen
- ☐ planen
- ☐ überzeugen
- ☐ nachdenken
- ☐ kreativ sein

_____

_____

_____

FÄHIGKEITEN beim Administrieren:
- ☐ bezahlen
- ☐ buchen
- ☐ erfassen
- ☐ auswerten
- ☐ gliedern
- ☐ schreiben
- ☐ rechnen
- ☐ besprechen
- ☐ darstellen
- ☐ lernen

FÄHIGKEITEN bei der Rohstoffgewinnung:

- [ ] abbauen
- [ ] anbauen
- [ ] abbrennen
- [ ] ernten
- [ ] forsten
- [ ] fördern
- [ ] bohren
- [ ] sieben
- [ ] reinigen
- [ ] verpacken
- [ ] verladen
- [ ] transportieren

FÄHIGKEITEN beim Produzieren:

- [ ] hobeln
- [ ] kleben
- [ ] polieren
- [ ] sägen
- [ ] testen

- [ ] abbremsen
- [ ] abfackeln
- [ ] drehen
- [ ] programmieren
- [ ] fräsen
- [ ] schleifen
- [ ] verpacken
- [ ] pressen
- [ ] zusammensetzen
- [ ] polieren
- [ ] nähen
- [ ] schneiden
- [ ] löten
- [ ] schweißen
- [ ] gefrieren

FÄHIGKEITEN beim Gestalten und im Handwerk:
- [ ] bauen
- [ ] abreißen
- [ ] graben
- [ ] abbrühen
- [ ] abdämmen
- [ ] abfassen
- [ ] abfedern
- [ ] abfeilen

- ☐ formen
- ☐ graben
- ☐ hobeln
- ☐ malen
- ☐ montieren
- ☐ gestalten
- ☐ entwerfen

FÄHIGKEITEN beim Dienstleisten:

- ☐ bestellen
- ☐ checken
- ☐ abdecken
- ☐ erziehen
- ☐ beladen
- ☐ stapeln
- ☐ lagern
- ☐ fahren
- ☐ fegen
- ☐ abfertigen
- ☐ versichern
- ☐ abhorchen
- ☐ kaufen
- ☐ heilen
- ☐ pflegen
- ☐ dienen

- ☐ brausen
- ☐ besprechen

_____

_____

_____

FÄHIGKEITEN beim Forschen und Entwickeln:
- ☐ messen
- ☐ sammeln
- ☐ beobachten
- ☐ zeichnen
- ☐ berechnen
- ☐ analysieren
- ☐ vergleichen
- ☐ testen
- ☐ synthetisieren

_____

_____

_____

FÄHIGKEITEN beim Einkauf:
- ☐ Angebote einholen
- ☐ vergleichen
- ☐ bewerten
- ☐ verhandeln
- ☐ abschließen

☐ archivieren
☐ kontrollieren

FÄHIGKEITEN beim Verkaufen:
☐ Kunden ausfindig machen
☐ kontaktieren
☐ interessieren
☐ analysieren
☐ Angebote erarbeiten
☐ Preise festsetzen
☐ verhandeln
☐ durchsetzen
☐ Einwände kennen
☐ behandeln
☐ Verträge schreiben
☐ abschließen
☐ sich bedanken
☐ Kunden betreuen

FÄHIGKEITEN in der Logistik:

- [ ] beschaffen
- [ ] transportieren
- [ ] auspacken
- [ ] prüfen
- [ ] demontieren
- [ ] lagern
- [ ] bereitstellen
- [ ] verpacken
- [ ] versenden
- [ ] verzollen

_____

_____

_____

Checkliste für die operativen Ziele

Die mögliche Anzahl OPERATIVER ZIELE ist unendlich. Deshalb finden Sie hier nur einige als Beispiele.

OPERATIVE ZIELE müssen sich aus den STRATEGISCHEN ZIELEN ableiten beziehungsweise dazu beitragen, das letztere erreicht werden. Demzufolge sind, ganz allgemein gesagt, OPERATIVE ZIELE letztlich dazu da, die Marktposition eines Unternehmens zu verbessern. OPERATIVE ZIELE sind außerdem kurzfristiger als STRATEGISCHE. Meist sind es Dinge, die in bis zu einem Jahr erreicht werden müssen. OPERATIVE ZIELE sind zudem meistens mit genauen Zahlen, Daten und Fakten versehen. Für diese Ziele lässt sich eine ähnliche Strukturierung verwenden wie bei den TÄTIGKEITEN und FÄHIGKEITEN. Nur die Unterpunkte «Handwerk» und «Dienstleistung» fallen weg, weil die Ziele dort auch nach den übrigen Kategorien sortiert werden können.

OPERATIVE ZIELE des Managements und für das gesamte Unternehmen:

- ☐ Einen Gewinn von XYZ erreichen.
- ☐ Den Gewinn um XYZ Prozent steigern.
- ☐ Den Gewinn im Jahr .... um 20 Prozent steigern.
- ☐ X Mitarbeiter einstellen oder entlassen bis ....
- ☐ Mitarbeiter fördern und ausbilden.
- ☐ Mitarbeiter mit X Kursen pro Jahr fördern und ausbilden.
- ☐ Zielvereinbarungsgespräche durchführen bis ....
- ☐ Die Fehlzeiten um X Prozent verringern bis ....
- ☐ Die Arbeitsprozesse mit bestimmten Ergebnissen verbessern.
- ☐ Eine neue CI entwickeln bis ....
- ☐ Den Geschäftsbericht bis .... vorlegen.
- ☐ Eine Kundenbefragung durchführen lassen und die Ergebnisse analysieren.
- ☐ Projekt XY bis .... abschließen.
- ☐ XY Sitzungen mit Mitarbeitern und Kollegen bis .... durchführen.

OPERATIVE ZIELE in der Administration und im Controlling:

- ☐ Die Lohnabrechnung bis .... vereinfachen.
- ☐ Die administrativen Prozesse bis .... zertifizieren lassen.

- [ ] Bis .... XY Kennzahlen vorlegen.
- [ ] XY Mitarbeiter in neue Prozesse oder EDV einführen.

_____

_____

_____

OPERATIVE ZIELE bei der Rohstoffgewinnung:
- [ ] Abbaurechte für XY-Gebiet für Zeitraum Z bis .... erhalten.
- [ ] Anbaufläche für XY um Z vergrößern oder verkleinern.
- [ ] Zyklen um XY verkürzen.
- [ ] Rohstoffqualität um XY-Faktor verbessern.
- [ ] XY-Prozess oder Tätigkeit um .... beschleunigen.

_____

_____

_____

OPERATIVE ZIELE in der Produktion:
- [ ] Den Ausschuss um X Prozent verringern bis ....
- [ ] Die Produktivität um X Prozent erhöhen bis ....
- [ ] Die Anzahl der Überstunden um XY pro Mitarbeiter bis .... reduzieren.
- [ ] Die Bandgeschwindigkeit um XY vergrößern.
- [ ] Die Arbeitssicherheit in Bereich X optimieren bis ....
- [ ] Produktionsstandort X bis .... eröffnen.
- [ ] Die neue EDV bis .... einführen und schulen.

OPERATIVE ZIELE in der Forschung und Entwicklung:

- [ ] Das Produkt XY bis .... marktreif entwickelt und bereit zur Markteinführung.
- [ ] Produkt X ist bis .... marktreif.
- [ ] Die Messgenauigkeit bei Prozess X um Y Prozent erhöhen.
- [ ] X Patente bis .... anmelden und erhalten.
- [ ] Produktreinheit um .... verbessern.
- [ ] Innovative Produkte mit Alleinstellungsmerkmalen entwickeln.

OPERATIVE ZIELE im Einkauf:

- [ ] Die günstigsten Angebote herausfinden bis ....
- [ ] zwei neue Lieferanten evaluieren und einführen bis ....
- [ ] Das Einkaufsbudget auf demselben Niveau halten wie im letzten Jahr.
- [ ] Bei den Preisverhandlungen X Prozent Rabatt erreichen.
- [ ] Mögliche Lieferanten für neue Produkte finden.

OPERATIVE ZIELE in Marketing und Vertrieb:

- ☐ Neue Kundengruppen ausfindig machen.
- ☐ Einen Marktanteil von X Prozent erreichen bis ....
- ☐ Die Kundenzufriedenheit erhöhen um ...... bis ......
- ☐ Eine Kundenbefragung zum Thema XY durchführen lassen und die Ergebnisse analysieren bis ....
- ☐ Den Umsatz um X Prozent steigern.
- ☐ Neue attraktive Angebote erarbeiten.
- ☐ Preise um X Prozent erhöhen.
- ☐ Marketingkampagne in Markt X durchführen.

OPERATIVE ZIELE in der Logistik:

- ☐ Die logistischen Prozesse vereinfachen.
- ☐ Fehllieferungen liegen unter 1 Prozent bis ....
- ☐ Neue Spediteure engagieren.
- ☐ Neue Verpackungen testen und einführen.
- ☐ Neue EDV einführen und anwenden bis ....
- ☐ Fehllieferungen um 20 Prozent reduzieren bis ....

Im Folgenden finden Sie praktische Beispiele aus den Unternehmens-pyramiden in Kapitel II. Sie sollen Ihnen als Anregung dienen.

Operative Ziele von OTT HYDROMETRY

- 50 Millionen in fünf Jahren (2003) / Auslastung übers ganze Jahr / Größere Serien / weniger Produkte
- Immer besser als die anderen sein (mind. zwei Schritte) / Verkürzte Entwicklungszeiten
- Kostenbewusste Entwicklung / Kundenzufriedenheit testen / Verbesserung der Kommunikation an den Schnittstellen
- Rentabilitätssteigerung / Ausbau der Vertriebstöchter / -kanäle
- Kundenbindung durch engen Kontakt
- Problemlösungen
- OTT AUSTRIA aufbauen
- Optimierung des Vertriebs

Operative Ziele der Finanzdirektion Zürich

- Selbstfinanzierungsgrad in der nächsten Steuerperiode 100 Prozent
- Ausgeglichene Rechnung 2000
- Ertragsüberschüsse ab VA 2001
- In der nächsten Steuerperiode 10 Prozent Überschüsse
- 2003 Aufwand Kernverwaltung um 10 Prozent reduziert
- Zufriedene Mitarbeiter (besser als letzte Umfrage)
- Schaffung einer Corporate Identity

Operative Ziele einer Verwaltungsdirektion

- Erarbeitung eines Maßnahmenplans Umwelt bis ....
- Entwicklung eines Konzepts Nachhaltigkeit (materielle Ziele, Strukturen etc.) für das Unternehmen *Direktion bis 2002
- Erarbeitung einer Entwicklungsplanung *Tal bis ....
- Ausarbeitung einer entsprechenden Gesetzesvorlage bis 2002
- Strategie Hochleistungsstraßen und Strategie Hauptverkehrsstraßen, Lückenschließung Autobahnen, Prioritätenliste Ortsumfahrungen
- Integriertes Verkehrsmanagement
- Konzept «Langfristige Finanzierung der straßengebundenen Mobilität»
- Ausrichtung eines Architekturpreises / einer Stiftung zur Auszeichnung guter Bauten im Kanton
- Schaffung von Labels und «Markteinführung» derselben
- Die Vorgesetzten fördern durch ihr Vorbild/Verhalten das vernetzte, über die eigene Sektion/Abteilung bzw. das eigene Amt hinausgehende Denken und Handeln sowie die Loyalität gegenüber dem Unternehmen *Direktion; sie schaffen ein Klima des Respekts und der Offenheit gegenüber den Mitarbeiterinnen und Mitarbeitern aus anderen Organisationseinheiten der *Direktion. Einrichtung des D-Treffs weiter pflegen.
- Fortführung / Intensivierung Kader-Treff
- In Ergänzung der Aktivitäten der Ämter / des Generalsekretariats findet einmal pro Legislatur ein *direktionsweiter Anlass für alle Mitarbeiterinnen und Mitarbeiter des Unternehmens statt.
- Amtsübergreifende Kontakte fördern (zum Beispiel gegenseitige Einladungen zu Amtsveranstaltungen oder zu Einweihungen, Vernissagen etc., gemeinsame Anlässe)

- Begegnungsräume in den D-Gebäuden (Cafeteria etc.) schaffen
- Zeitfenster für Begegnungen schaffen (Führungsaufgabe)
- Erfolge – wo immer möglich – gemeinsam feiern
- Erarbeitung eines personalpolitischen Konzepts (inkl. unternehmensweit gültiger personalpolitischer Grundsätze); Verabschiedung desselben durch die Geschäftsleitung bis Ende 2002
- Auf der operativen Ebene unternehmensweit gültige Standards im Personalwesen festlegen
- Schrittweiser Ausbau der Mitarbeiterförderung *direktionsbezogene Führungsausbildung, Nachwuchspool, spezifische Laufbahnplanungen, attraktive Arbeitsplätze etc.)
- Kader betreffend Feedback-Kultur fit machen (Aus-/Weiterbildung)
- Feedback-Kultur in den Ämtern zu einem Schwerpunktthema der Kulturentwicklung machen
- Vorgesetzte ermutigen Mitarbeitende zu Feedback und geben ihnen Rückhalt bei Feedback.
- Vernetzungen im Alltag ausbauen: Die Vorgesetzten fördern durch ihr Vorbild/Verhalten das vernetzte, über die eigene Sektion/Abteilung bzw. das eigene Amt hinausgehende Denken und Handeln.
- Neue Pläne, Konzepte etc. werden in Bezug auf Wirtschaftlichkeit, Sozial- und Umweltverträglichkeit amtsübergreifend abgestimmt.
- Anlässlich der mindestens zweijährlich stattfindenden Mitarbeiterbeurteilung (MAB) ist das Thema A+W mit jedem Mitarbeitenden zu behandeln, und es sind die erforderlichen Aus- und Weiterbildungen zu vereinbaren.
- Pilotversuch: Entwicklung eines Instruments, mit welchem anlässlich der MAB auf einfache, zielführende Weise die A+W-Bedürfnisse aus Sicht der Mitarbeitenden und aus Sicht des Unternehmens *Direktion ermittelt werden können
- Innerhalb des Kaders der *Direktion kurze Wege gehen

- Vorarbeiten eines Amts für ein anderes vollständig, aussagekräftig und adressatengerecht vornehmen
- Unternehmensinterne Zuständigkeiten und Prozessabläufe beachten
- Bei Bedarf Anpassung von Zuständigkeiten (vermehrte Delegation) und von Prozessen (Vereinfachung derselben)
- Förderung der Eigenverantwortung / Gewährung größerer Freiräume und von mehr Kompetenzen durch die Vorgesetzten
- Es wird bis Ende 2002 ein Konzept für ein Qualitätsmanagement-System erarbeitet.
- Es wird bis Ende 2003 ein Benchmarking-Konzept erarbeitet.
- Konsolidierung SAP

Operative Ziele von CRC Zürich & CRC PB Hypotheken

- Entscheide werden innert 24 Stunden gefällt.
- Wir führen jedes Jahr zwei interne Ausbildungen durch.
- Wir bieten der Front drei verschiedene Ausbildungen pro Jahr an.

Checkliste für die strategischen Ziele

STRATEGISCHE ZIELE lassen sich ähnlich wie OPERATIVE ZIELE unmöglich auch nur annähernd vollständig erfassen, da ihre Anzahl prinzipiell unendlich ist.

Im Allgemeinen soll im Bereich der STRATEGISCHEN ZIELE fast immer die Wettbewerbsfähigkeit gesteigert werden, also die Marktposition, die Leistungsfähigkeit, die Größe des Unternehmens und/oder den Gewinn erhöhen oder verbessern.

Differenziertere STRATEGISCHE ZIELE zu diesen Oberbegriffen finden sie im Folgenden:

- [ ] Die Qualität der Produkte und Services verbessern
- [ ] Produktzyklen optimieren
- [ ] Fehler verringern
- [ ] Das Angebot verbreitern
- [ ] Pro Jahr werden zwei Produkte in jedem Unternehmensbereich neu lanciert
- [ ] Eigene Kernkompetenzen weiterentwickeln
- [ ] Bis ins Jahr 200x das größte Unternehmen im Bereich XY in Europa sein
- [ ] Den Markt X auf dem B Kontinent bis 200x erschließen
- [ ] Sich mehr an den Bedürfnissen des Marktes orientieren
- [ ] Die Kundenzufriedenheit erhöhen
- [ ] Die Bekanntheit bei den potenziellen Kunden steigern
- [ ] Marktsegmente eröffnen
- [ ] Nachfrage beeinflussen (anstatt nur abdecken)
- [ ] Organisation schlank halten
- [ ] Gewisse Bereiche ausgliedern oder outsourcen
- [ ] Die Preis-, Kosten- und/oder Marktführerschaft anstreben oder erhalten
- [ ] Die Materialbeschaffung absichern
- [ ] Lieferanten als Gesellschafter gewinnen
- [ ] Die Lieferantenzuverlässigkeit erhöhen
- [ ] Die Lieferpreise und -bedingungen verbessern
- [ ] Die Attraktivität als Arbeitgeber für gute Mitarbeiter anheben
- [ ] Das Personalmanagement verbessern
- [ ] Der attraktivste Arbeitgeber in der XY-Branche sein
- [ ] Die Fluktuation verringern

- ☐ Fehlzeiten reduzieren
- ☐ Ein besseres Arbeitsklima herstellen
- ☐ Junge Mitarbeiter einstellen, für guten Nachwuchs sorgen
- ☐ Wachstum durch Firmenzukäufe generieren

_____

_____

_____

Als Ergänzung zu den STRATEGISCHEN ZIELEN folgen wieder Praxisbeispiele aus Kapitel II als Anregung.

Strategische Ziele von OTT

- Marktführer
- OTT auf zwei Säulen: Hersteller Hydrometrie und Dienstleister, Berater, Serviceanbieter
- Ansprechbar sein für die Hydrologen der «Welt» – weltweite Präsenz vor Ort
- Aufbau Dienstleistung und Qualität
- Weiterer Ausbau der Monopolstellung
- Alles aus einer Hand

Strategische Ziele der Finanzdirektion Zürich

- Ausgeglichener Staatshaushalt
- Vorbildlicher und kostengünstiger Service public

- Niedrige Staatsquote
- Attraktiver Arbeitgeber
- Bester Wirtschaftsstandort von Europa

Strategische Ziele einer kantonalen Schweizer Verwaltung (*Direktion)

- Ganzheitlicher, vernetzter (nicht sektorieller) Umweltschutz
- Positionsbezug des Unternehmens *Direktion zum Thema «Nachhaltigkeit» bis zum Jahr 2002
- Schaffen von Entwicklungschancen für Belastungsräume
- Verständliches, schlankes und bewirtschaftbares neues Planungs- und Baugesetz; Vorlage des Regierungsrats an den Kantonsrat bis Ende 2002
- Sicherstellung der strassengebundenen Mobilität (inkl. Finanzierung)
- Kontinuierliche Förderung einer nachhaltigen Baukultur
- Der Gedanke «Unternehmen *Direktion» lebt auf allen Ebenen.
- Das Unternehmen *Direktion verfügt über eine griffige, zielgerichtete Personalpolitik. Sie trägt dazu bei, dass die *Direktion eine attraktive Arbeitgeberin ist, und unterstützt die Zielerreichung des Unternehmens und die Gestaltung der Unternehmenskultur.
- Förderung der Feedback-Kultur
- Das interdisziplinäre Denken und Handeln wird verstärkt.
- Die fachliche und persönliche Aus- und Weiterbildung (A+W) der Mitarbeiterinnen und Mitarbeiter wird verstärkt.
- In Abstimmung mit den Entwicklungsschwerpunkten der Holding und dem Finanzplan wird eine Unternehmensplanung *Direktion aufgebaut.

- Es wird mehr Freiraum für die Führung geschaffen.
- Es werden Qualitätsstandards für das Unternehmen *Direktion erarbeitet und eingeführt (in Abstimmung mit allfälligen Zertifizierungen bzw. für den Fall, dass keine weitreichenden Zertifizierungen vorgenommen werden).
- Professionalisierung des Finanz- und Rechnungswesens des Unternehmens *Direktion
- Die Kommunikation über die Ziele und Leistungen des Unternehmens *Direktion wird nach innen und außen professionalisiert und intensiviert.

Strategisches Ziel aus dem Private Banking:

- Team X ist unter Top 3 aller Teams innerhalb der Distributionseinheit.

Checkliste für die Glaubenssätze

Auch GLAUBENSSÄTZE gibt es theoretisch unendlich viele, dazu noch positive wie negative. In dieser Checkliste finden Sie nur die positiven GLAUBENSSÄTZE.

Negative GLAUBENSSÄTZE, die eventuell in Ihrer Firma kursieren, können entweder ignoriert werden, weil sie zu geringfügig sind, oder man tritt ihnen entgegen. Eine kurze Anleitung, wie man mit negativen GLAUBENSSÄTZEN umgeht, finden Sie im Anschluss an diese Liste (Seite 195).

Positive GLAUBENSSÄTZE lassen sich gut untergliedern in GLAUBENSSÄTZE über:

☐ unseren Bereich oder unser Team
☐ unser Unternehmen
☐ die Kunden
☐ die Lieferanten
☐ den Markt
☐ unsere Geschäftstätigkeit

GLAUBENSSÄTZE über unseren Bereich:

☐ Ohne uns läuft nichts.
☐ Wir sind ein «Super-Team».
☐ Wir sind eine treibende Kraft im Unternehmen.
☐ Wir leisten hervorragende Arbeit.
☐ Auf uns ist Verlass.
☐ Wir sind bestens qualifiziert.
☐ Niemand versteht unsere Sache besser als wir.

GLAUBENSSÄTZE über unser Unternehmen:

☐ Wir sind die Nummer 1 in unserer Branche.
☐ Wir sind ein erfolgreiches Unternehmen.
☐ An uns kommt niemand vorbei.
☐ Wir sind ein beliebter Arbeitgeber.
☐ Bei uns macht Arbeiten Spass.

GLAUBENSSÄTZE über die Kunden:

- [ ] Der Kunde ist bei uns König.
- [ ] Unsere Kunden sind unser Kapital.
- [ ] Wir haben gute Kunden.
- [ ] Wir tun unsere Arbeit für unsere Kunden.
- [ ] Kunden gehen vor.
- [ ] Der Kunde ist bei uns König, wenn er sich auch so verhält.
- [ ] Wir sind Partner unserer Kunden.
- [ ] Die Kunden sind mit uns (sehr) zufrieden.

GLAUBENSSÄTZE über die Lieferanten:

- [ ] Die Lieferanten sind unsere Partner.
- [ ] Gute Lieferanten sind uns wichtig.
- [ ] Wir können unseren Lieferanten vertrauen.
- [ ] Wir fordern und fördern höchste Qualität von unseren Lieferanten.
- [ ] Wir gehen mit Lieferanten fair um.

GLAUBENSSÄTZE über den Markt:

☐ Wir sind in einem Wachstumsmarkt.

☐ Für die Guten bietet der Markt immer eine Chance.

☐ Wir sind auch in stagnierenden/schrumpfenden Märkten erfolgreich.

☐ Wir orientieren uns an den Marktbedürfnissen.

☐ Der Markt entscheidet über unsere Leistung.

☐ Wir sind marktorientiert.

GLAUBENSSÄTZE über unsere Geschäftstätigkeit:

☐ Unser Geschäft macht Spaß.

☐ Unsere Qualität und unsere Produkte sind ihren Preis wert.

☐ Es ist ein Glück, mit uns Geschäfte zu machen.

☐ Wir liefern Spitzenleistung.

☐ Wir übererfüllen die Erwartungen unserer Umgebung.

☐ Wir/unsere Produkte sind umweltfreundlich.

☐ Unsere Produkte / wir erreichen höchste Qualitätsstandards.

Im Folgenden die Aussagen aus den Praxisbeispielen aus Kapitel II zu Ihrer Anregung.

Glaubenssätze der Firma OTT HYDROMETRY

- Wir sind die Besten.
- Wir haben die besten, innovativsten Geräte / beste Qualität.
- Wir wollen für die Kundenzufriedenheit arbeiten.
- Wir sind eine tolle Truppe.
- Wir schaffen es.
- Wir haben den besten Chef.
- Alle Arbeiten sind wichtig.
- Zahlen sind wichtig, weil sie zeigen, wo wir stehen.
- Spitzenleistung macht Spaß.
- Wir senken die Kosten.
- Wer anfangs investiert, spart am Ende.
- Wir glauben an eine positive Zukunft.
- Gibts nicht, geht nicht!
- Mit Herz und Verstand zum Erfolg!
- Begeisterte Kunden sind unser Kapital!
- Gemeinsam sind wir stark!

Glaubenssätze von Kemper System

- Wir haben die besten Produkte.
- Wir lösen alle Probleme.
- Unsere Produkte werden weltweit gebraucht.
- Wir sind die Nummer eins!

Glaubenssätze der Finanzdirektion Zürich

- Mit einem motivierten und kompetenten Team erreichen wir jedes Ziel.
- Widerstände und Rückschläge sind der Turbo für unsere Motivation.

Glaubenssätze einer kantonalen Direktion

- Wir sind das Unternehmen *Direktion.
- Wir sind stolz auf unser Unternehmen.
- Umwelt, Raumordnung und Infrastruktur sind unsere Kernkompetenzen.
- Wir stellen hohe Ansprüche an uns selbst.
- Gemeinsam erzielen wir die besten Resultate.
- Einfaches lösen wir einfach.
- Überzeugen geht vor anordnen.
- Wir schaffen Vertrauen durch vollständige, offene und rechtzeitige Information.
- Wir lernen aus Fehlern und Kritik.

Glaubenssätze von CRC Zürich & CRC PB Hypotheken

- Wir liegen bei unseren Messungen deutlich über den Benchmarks.
- Wir kommunizieren unsere Überlegungen transparent und klar.
- Wir sind entscheidungsfreudig.
- Wir wägen immer Chancen und Risiken ab.
- Wir stellen den Kunden ins Zentrum unserer Überlegungen.
- Wir geben offenen, ehrlichen und direkten Feedback.

- Wir tätigen nur Geschäfte, die transparent sind.
- Wir tätigen nur Geschäfte, die höchsten ethischen Grundsätzen genügen.
- Wir bilden uns jedes Jahr selber weiter.
- Wir sind effizienter als andere Entscheideinheiten.
- Wir respektieren jeden Menschen als Individuum.
- Wir honorieren außerordentliche Leistungen überdurchschnittlich.
- Wir können jedes Problem lösen.

Glaubenssätze aus dem Private Banking

- Der Kunde ist mein Partner.
- Der Kunde finanziert meine Compensation.
- Der/Die BeraterIn ist zu jeder Zeit an jedem Ort verfügbar.
- Das private Umfeld des Kunden kenne ich persönlich.
- Alle Anfragen finden eine Lösung.
- Die Betreuung hat einen Preis.

Wie mit negativen Glaubenssätzen umgehen?

Zunächst sucht man die, manchmal versteckten, positiven Aspekte aus dem negativen Satz heraus. Aus diesen Punkten formuliert man dann einen neuen konstruktiven GLAUBENSSATZ. Nehmen wir zum Beispiel den negativen GLAUBENSSATZ, der in der Marketingabteilung eines Mittelständlers kursierte. Die Aussage lautete: «Wir können mehr, als wir dürfen.» Ein positiver Aspekt in diesem Satz ist, dass die Mitglieder des Teams sich als sehr kompetent erleben. Dies könnte man umformulieren in: «Wir nutzen unsere FÄHIGKEITEN zum Besten des gesamten Unternehmens.» In der realen Situation fehlte den Teammitgliedern die Einsicht, dass es in einem mittelständischen Unternehmen wichtig ist, auch Dinge zu tun, die mit den eigenen Lieblingskompetenzen nicht genau übereinstimmen. Deshalb sollte der positive Satz diese Einbindung widerspiegeln.

Sind diese Überlegungen zur positiven Neuformulierung des GLAUBENSSATZES abgeschlossen, geht es nun darum, wer, mit wem, wann, wie und wie oft etwas besprechen muss, damit dieser Satz nicht nur eine schöne, theoretische Aussage bleibt. Der neue GLAUBENSSATZ muss schließlich von allen Beteiligten ehrlich akzeptiert werden können. Ist dies nicht möglich, kann dies ein Hinweis darauf sein, dass man größere praktische Veränderungen vornehmen muss. In der realen Beispielsituation stellte sich bald nach dem Workshop heraus, dass besonders der Leiter des Marketings zu jung und zu gut ausgebildet war, um in einem kleinen Betrieb, der nicht nur echte Marketingaufgaben bieten kann, längerfristig zufrieden zu sein.

Checkliste für die Werte

Es gibt ungefähr 2500 Begriffe, die WERTE bezeichnen. Die folgende Liste enthält jene Begriffe, die bei der Entwicklung von Unternehmenspyramiden besonders häufig auftauchen. Wie bei den anderen soll auch diese Liste als Anregung dienen.

- [ ] Erfolg
- [ ] Resultatorientierung
- [ ] Kundenorientierung
- [ ] Serviceorientierung
- [ ] Teamorientierung

- [ ] Kritikfähigkeit
- [ ] Eigenverantwortung
- [ ] Fairness
- [ ] Gemeinschaft
- [ ] Gemeinsinn
- [ ] Vertrauen
- [ ] Sicherheit
- [ ] Offenheit
- [ ] Transparenz
- [ ] Kommunikation
- [ ] Ehrlichkeit
- [ ] Wahrheit
- [ ] Liebe
- [ ] Toleranz
- [ ] Freundlichkeit
- [ ] Sozialkompetenz
- [ ] Schnelligkeit
- [ ] Pünktlichkeit
- [ ] Zuverlässigkeit
- [ ] Verfügbarkeit
- [ ] Erreichbarkeit
- [ ] Vollständigkeit
- [ ] Nachhaltigkeit
- [ ] Verlässlichkeit
- [ ] Präzision
- [ ] Genauigkeit
- [ ] Kompetenz
- [ ] Vorbildfunktion
- [ ] Integrität
- [ ] Korrektheit

- [ ] Wettbewerbsorientierung
- [ ] Qualität
- [ ] Höchstleistung
- [ ] Effektivität
- [ ] Innovation
- [ ] Kreativität
- [ ] Flexibilität
- [ ] Wissen
- [ ] Zukunftsorientierung
- [ ] Tradition
- [ ] Standfestigkeit
- [ ] Kontinuität
- [ ] Ethik
- [ ] Seriosität
- [ ] Einsatzbereitschaft
- [ ] Selbstbewusstsein
- [ ] Motivation
- [ ] Freude
- [ ] Begeisterung
- [ ] Dynamik

Checkliste für die Identität

In das Feld der IDENTITÄT werden fast immer nur rund drei bis fünf Sätze eingetragen. IDENTITÄTsaussagen sind aus tatsächlichen Gegebenheiten abgeleitete, mehr oder weniger unveränderbare Überzeugungen über das Unternehmen oder den Bereich. Theoretisch sind wiederum sehr viele Varianten möglich, die aber nicht so vielfältig gestaltet sind wie zum Beispiel die Ziele und GLAUBENSSÄTZE.

Deshalb finden Sie in dieser Checkliste die Aussagen aus den Praxisbeispielen, ergänzt durch einige andere IDENTITÄTSsätze. Die Ergänzungen vervollständigen das Bild der Möglichkeiten.

Zu Beginn der Aufzählung sehen Sie IDENTITÄTEN, die sich primär auf Unternehmensbereiche beziehen. Diese gehen über in Sätze, die sich auf Bereiche und auf ganze Firmen beziehen können. Am Ende der Liste sind Aussagen zu finden, die auf das ganze Unternehmen bezogen sind.

- Wir sind die treibende Kraft bei OTT und der Partner unserer Kunden.
- Wir sind das Herz des Unternehmens.
- FD ist ein Kompetenzzentrum für Beschaffung, Steuerung, Anlage und Allokation von öffentlichen Geldern.
- [ ] Wir sind die Finanzkenner in unserem Unternehmen.
- [ ] Wir sind Unternehmer.
- [ ] Wir sind Profis.
- [ ] Wir sind proaktive (zukunftsorientierte) Risikomanager.
- [ ] Wir sind Partner, Berater, Betreuer, Freund, Seelsorger und roter Faden zwischen Generationen für unsere Kunden.
- [ ] Wir sind kompetente, zuverlässige und konkurrenzfähige Partner in all unseren Leistungen.
- [ ] Wir sind die Führenden in der Entwicklung und Umsetzung von Instrumenten für den ökonomischen und nachhaltigen Umgang mit den Ressourcen Personal und Geld.

- [ ] Wir sind ein deutsches/schweizerisches/österreichisches Unternehmen.
- [ ] Wir sind ein erfolgreiches, internationales Unternehmen.
- [ ] Wir sind ein höchst effizientes Produktionsunternehmen.
- [ ] Wir sind ein innovatives Ingenieurunternehmen.
- [ ] Wir sind ein exzellentes Beratungsunternehmen.
- [ ] Wir sind die Förderer der Printmedien.
- [ ] Wir sind ein leistungsstarkes Unternehmen mit hochwertigen Produkten, eingebunden in eine schnell wachsende Gruppe auf dem Weg zur weltweiten Präsenz.
- [ ] Wir sind die erfahrensten, kontinuierlichsten Spezialisten weltweit in der Wassermessung.
- [ ] Wir sind ein Unternehmen.

Checkliste für die Vision

Die VISION eines Unternehmens sollte, wie bereits oben erwähnt, einen «egoistischen», positiven, unternehmensbezogenen Teil und einen altruistischen, kunden-, markt- oder weltbezogenen Teil enthalten. Die Grundformel zum Erstellen einer VISION lautet in etwa: «Wir sind erfolgreich oder die Erfolgreichsten, zum Wohle, Nutzen oder Vorteil unserer Kunden und Ihren Aufgaben und Bedürfnissen.»

Es gibt auch «korrekte» VISIONEN, die diese Elemente formal nicht enthalten. Implizit sind sie gleichwohl anzutreffen.

- In jedem Wohnzimmer ein PC.
- Place a Coke in the reach of every human being on the planet.
- Wir sind der Geheimtipp für Verhandlungstrainings in Europa.
- Alle vermögenden Einwohner im Distributionsgebiet wollen durch Team X betreut werden.
- Wir sind das Top-Team für Crossborder Financial Planning der HNWI (high networth individuals) auf dem Platz Zürich.
- 80 Prozent der Kundenberater aus den Zielmärkten der «Europastrategie» kennen uns und wissen, in welchen Bereichen wir den Kunden einen Mehrwert bieten können.
- Wir gehören bei allem, was wir tun, zu den Besten der Branche.
- Der Kanton ist für Bevölkerung und Wirtschaft ein nachhaltig attraktiver Standort.
- Es ist der Traum jedes Menschen, im Kanton Zürich zu leben, wohnen und arbeiten, ob Unternehmer, Familie oder Einzelperson.
- KEMPER SYSTEM – das weltweite Synonym für qualitativ hochwertige Abdichtungen und Beschichtungen.
- Kein Hydrologengespräch ohne OTT.
- Wir kümmern uns um die Wasserversorgung der Welt.
- Wir setzen Meilensteine in der Beobachtung des weltweiten Wasserkreislaufes mit bezahlbaren Instrumenten.

Bitte umsetzen

Nachdem Sie die Unternehmenspyramide erarbeitet haben, sorgen Sie bitte unbedingt für einen Umsetzungsplan mit persönlich zugeordneten Verantwortlichkeiten und Terminen.

Viel Freude und Erfolg wünsche ich Ihnen!

Ein gutes Angebot

Wenn Sie mit Hilfe dieses Buches und besonders des vierten Kapitels Ihre eigene Unternehmenspyramide erstellt haben, könnte es sein, dass Sie gern noch mehr Sicherheit darüber gewinnen möchten, ob Sie bereits alle Möglichkeiten bei der Erarbeitung ausgeschöpft haben.

Dazu biete ich Ihnen gern telefonische oder persönliche Beratung an.

Das bedeutet für Sie: Sie senden mir per Mail, Fax oder Post Ihre Erarbeitungen und buchen eine Beratung dazu. Wenn Sie daran interessiert sind, senden Sie mir ein Mail an: M.B@toptraining.ch.

Selbstverständlich stehe ich Ihnen auch gerne für die Durchführung einer kompletten Strategieentwicklung mit der Unternehmenspyramide zur Verfügung.

Manuela Brinkmann
Top Training
Panoramastraße 3
CH-5625 Kallern
Telefon: ++41 (0)56 666 26 18
Telefax: ++41 (0)56 666 26 17
E-Mail: M.B@toptraining.ch

Manuela Brinkmann im Internet:

www.toptraining.ch

Weitere Titel aus dem Orell Füssli Verlag

Verkaufen können auch Sie!

Manuela Brinkmann

Verkaufen ist viel zu wichtig, um es nur der Verkaufsabteilung zu überlassen

Verkaufs- und Kundenorientierung wird für alle Unternehmen, für Selbstständige und vor allem für jede Mitarbeiterin, jeden Mitarbeiter immer wichtiger. Aber was sich im Maketing-Lehrbuch einfach liest, ist in der alltäglichen Praxis oft schwer.

Es zeigt sich: Alle Menschen eines Unternehmens sind entweder Verkaufsförderer oder -verhinderer. Jede Begegnung mit einem Vertreter einer Firma prägt die Einstellung zum Unternehmen eines Kunden positv oder negativ.

Manuela Brinkmann zeigt, wie man mit Kunden richtig umgeht, auch wenn man glaubt, nichts mit dem Verkauf zu tun zu haben. Das Buch ist ein Ratgeber für Selbstständige und Angestellte.

Die erfahrene Verkaufstrainerin führt Sie auf dem Weg zum erfolgreichen Verkaufen durch Höhen und Tiefen des menschlichen Kontaktes, hin zum souveränen und freundlichen Umgang mit Ihrer Umwelt.

200 Seiten, gebunden, ISBN 3-280-02653-9

orell füssli

Zustandsbalance – man gönnt sich ja sonst nichts!

Manuela Brinkmann

Simply Your Best

Jeder weiß, dass er selbst für seinen Zustand verantwortlich ist. Doch wie erreicht man einen ausgezeichneten Zustand? Mit Zustandsbalance!

Zustandsbalance ist die Fähigkeit, sich selbst in einen optimalen Zustand zu versetzen und damit auf die täglichen Anforderungen und Aufgaben mit Motivation und guter Stimmung einzugehen.

Manuela Brinkmanns System zur Zustandsbalance SIMPLY-YOUR-BEST® zeigt, dass jeder Mensch mit einfachen geistigen und körperlichen Übungen die je nach Situation beste Einstellung und Ausstrahlung erzielen kann.

Die erfolgreiche Management-Trainerin hat aus ihrer langjährigen Erfahrung die wesentlichen Methoden und Tricks zusammengestellt, mit denen man sich durch eigene Kraft zu einem ausgeglichenen und positiven Grundzustand verhelfen kann.

176 Seiten, broschiert, ISBN 3-280-02632-6

orell füssli

Wie Sie die Projektkiller austricksen

Klaus D. Tumuscheit

Immer Ärger im Projekt

Immer noch scheitern die meisten Projekte in Unternehmen, sind zu langsam oder zu teuer. Einen Grund dafür behandelte Klaus D. Tumuscheit in seinem Bestseller «Überleben im Projekt»: Projektfallen, in welche ahnungslose Projektleiter hineintappen.

Je größer das Leser-Echo, desto deutlicher bestätigte sich: Es gibt noch Steigerungen. Auf Projekte lauern nicht nur viele Fallen. Projekte werden regelrecht sabotiert. Die Bandbreite reicht von Trainern, Beratern, unsinnigen Handbüchern über die Verweigerer im eigenen Management bis zur Kultur und den geheimen Spielregeln der Hierarchie.

Der Autor führt hinter die Kulissen und zeigt allen geplagten Projektleitern, Auftraggebern, Teammitgliedern, Topmanagern und PM-Trainern, wie Projekte wieder auf Erfolgskurs gesteuert werden.

216 Seiten, gebunden, ISBN 3-280-02682-2

orell füssli

André Vögtlin

Innovation ist planbar

Analysen   Instrumente   Konzepte

Ob Basel, Barcelona, Berlin oder Boston: In einer immer enger zusammen-wachsenden Welt sind Wirtschaftsstandorte fast problemlos austauschbar. Der Wettbewerb wird härter. Umso wichtiger wird die Einmaligkeit der Pro-dukte und Dienstleistungen. Nur wer innovativ ist und dadurch die Nase vorn hat, kann zuversichtlich in die Zukunft schauen.

Wie aber fördert man Innovation im Unternehmen? Ist Innovation allen-falls machbar, ja sogar planbar? Welche Voraussetzungen müssen geschaffen werden, damit ein Team – oder auch der Einzelne – bereit ist, neue Wege zu gehen, neue Lösungen zu entdecken? André Vögtlin beantwortet diese Fra-gen. Er zeigt, wie Unternehmen sich in Zukunft vor allem über die weichen Faktoren, die so genannten Soft Factors, nachhaltig differenzieren können. Dem Human Resources Management wird hier die wichtige Aufgabe zukom-men, die drei Voraussetzungen für Innovation – Know-how, Motivation und Kreativität – wirksam zu fördern. Vögtlin skizziert das Profil der marktführen-den Unternehmung, die Innovation in ihrem Denken und Handeln integriert hat, und führt den Leser schließlich zum Innovationswürfel. Dieses von ihm geschaffene Tool regt spielerisch dazu an, Denkbarrieren zu überspringen und einmal ganz neue Ufer anzusteuern.

178 Seiten, gebunden, ISBN 3-280-05008-1

orell füssli